开 放 共 享 服 务

政治工作数字资源开放平台建设研究

马海兵 著

世界图书出版公司

上海·西安·北京·广州

图书在版编目(CIP)数据

开放 共享 服务:政治工作数字资源开放平台建
设研究 / 马海兵著. —上海:上海世界图书出版
公司,2015.5
ISBN 978-7-5100-7924-5

Ⅰ.①开… Ⅱ.①马… Ⅲ.①数字技术—应用—军队
政治工作—研究—中国 Ⅳ.①E22-39

中国版本图书馆 CIP 数据核字(2014)第 120866 号

出 版 人　陆　琦
策 划 人　姜海涛
责任编辑　史　旼
装帧设计　车皓楠
责任校对　石佳达

开放 共享 服务
政治工作数字资源开放平台建设研究
著　　者　马海兵

出版发行　上海世界图书出版公司　www.wpcsh.com.cn
　　　　　　　　　　　　　　　　www.wpcsh.com
地　　址　上海市广中路 88 号
电　　话　021-36357930
邮政编码　200083
经　　销　各地新华书店
印　　刷　上海市印刷七厂有限公司　如发现印装质量问题
开　　本　890×1240　1/32　　　请与印刷厂联系 021-59110729
印　　张　5.5
字　　数　120 000
版　　次　2015 年 5 月第 1 版
印　　次　2015 年 5 月第 1 次印刷
书　　号　ISBN 978-7-5100-7924-5/E·2
定　　价　25.00 元

前　　言

　　近年来,开放存取运动在全球广泛兴起。开放存取是指利用互联网进行学术信息和科研成果自由传播、免费利用的行动。其目的在于利用网络条件实现科学信息和科研成果广泛、快速地交流与传播,以提高信息资源的利用率,降低用户获取文献资料的成本,保障科学信息的长期保存。运用这一理念,充分利用全军政工网将全军院校、科研院所与基层部队互联互通的优势,建立军队政治工作数字资源开放平台,对于落实总部文件指示精神,推动政治工作信息资源建设意义重大。

　　所谓军队政治工作数字资源开放平台,是指在开放存取理念的指导下,以全军政工网作为分布式运行环境,通过机构知识库模式建设的一个实现政治工作信息资源,特别是原生数字资源的数据上传、分级审核、自动分类、集中整合,动态发布、长期保存和网络传播的智能化信息服务平台。平台基于OAI 协议(开放文档倡议),能够在安全认证的保护机制下,最大限度地实现开放平台系统内部、系统之间的政治工作数字资源的共建共享。

　　本书以军队政治工作数字资源开放平台及其实现技术为

研究对象。在继承国内外学者对机构知识库理论研究和建设成果,特别是开源机构知识库系统 DSpace 的基础上,分析了军队政治工作原生数字资源开放平台的应用需求、体系结构,研究并实现了开放平台构建的一些相关技术,包括元数据交换技术、基于 XML 的系统界面和功能定制技术,利用 OAI-ORE 进行数据交换的技术等等。在此基础上,实现了军队政治工作原生数字资源开放平台原型系统,进行了系统功能测试和结果分析。

本书主要包括四部分内容。

第一,阐述了开放平台建设的基础理论和技术,综述了国内外机构知识库研究与建设现状。

第二,明确了开放平台的功能需求和总体设计,分析了利用 OAI-PMH 协议进行系统元数据获取功能的设计与实现,讨论了利用 DSpace 开源系统实现开放平台基本功能的原理。

第三,详细阐述了利用 Manakin 项目进行开放平台系统功能和界面定制的技术。明确了 Manakin 的设计思路,分析了其底层架构——Apache Cocoon 的基本原理,讨论了 Manakin 在 DSpace 集成开发中的应用实践。

第四,阐述了利用 OAI 协议进行开放平台之间互操作的原理。详细分析了利用 OAI-ORE 协议进行数据交换的基本原理,分析了 OAI-ORE 在 DSpace 中的具体实现。

本书的研究和探索有助于丰富我国机构知识库领域的理论研究,促进军队政治工作信息资源建设的发展实践。

目　　录

0 绪 论

　　"军队政治工作数字资源开放平台"是应用开放存取理论和机构知识库模式建设的一个实现政治工作信息资源,特别是原生数字资源的数据上传、分级审核、分类、检索、发布、长期保存和网络传播的智能化信息服务平台,是军队政治工作信息资源建设与研究的重要组成部分。论述本书研究背景、目的和意义,介绍研究内容、方法和技术路线。

0.1 研究的背景

　　随着以计算机和现代通信技术为核心的信息技术发展,特别是网络环境的形成,信息的生产、存储和传递的方式发生了革命性的变化。数字信息资源以传统信息资源难以比拟的优势逐渐成为信息资源的主体。数字信息资源是一个国家的智力资源,是学术研究信息的数字存档,一个国家的科技创新能力,以及与此相关的国际竞争力,都依赖于其快速、有效的开发与利用数字信息资源的能力。以数字信息资源为基础的信息服务也逐渐成为信息服务的主导。自 20 世纪 90 年代以来,各国政府、企业、科研部门、信息机构等对数字信息资源建设和开发利用给予了高度关注。美国政府把数字信息资源的产生、传播、获取和利用,作为国家信息化建设的关键和重点。加拿大在 2002 年提出的国家创新体系中,将建立国家数字科技信息网作为其重要组成部分。欧洲也从 1998 年开始启动了面向数字信息资源整合开发的项目。在我国,中共中央办公厅、国务院办公厅印发的《2006—2020 年国家信息化发展战略》将"大力发展以数字化、网络化为主要特征的现代信息服务业,促进信息资源的开发利用"作为我国信息化发展的战略之一,充分说明国家对数字信息资源建设和以数字信息资源为基础的信息服务的高度重视①。

军队政治工作数字资源开放平台建设是在开放存取理念在全球广泛兴起的大背景下,面向军队政治工作科研院所,对如何有效进行政治工作数字资源,特别是对原生数字资源开发利用及其关键实现技术的研究,是军队政治工作信息资源建设与研究的重要组成部分。

0.1.1 开放存取运动在全球广泛兴起

随着互联网的普及和电子出版技术的完善,一方面,网络技术的发展和成熟使科研人员的学术交流活动日益频繁、形式日益多样化,为全球的知识共享活动创造了良好的条件;另

---

① 肖希明等:《数字信息资源建设与服务研究》,武汉:武汉大学出版社,2008 年,第 1 页。

一方面,传统的学术期刊交流模式相对封闭滞后,难以适应科研活动的新要求,在一定程度上阻碍了知识的交流和共享。开放存取作为一种新的学术信息共享的理念和出版机制应运而生。开放存取是利用互联网进行学术信息和科研成果自由传播、免费利用的行动,是一种新型的学术出版和交流模式。其目的在于利用网络条件实现科学信息和科研成果广泛、快速地交流与传播,以提高信息资源的利用率,降低用户获取文献资料的成本,保障科学信息的长期保存,提高科学研究的效率。开放存取近年来引起了各国政府及国际组织的广泛关注。

开放存取运动的历史并不久远。2001 年 12 月 1 日至 2日,美国开放社会研究所(Open Society institute,OSI)在匈牙利的布达佩斯召开了小型但意义深远的会议,这是一次旨在推进全世界各学科领域研究论文在因特网上免费传播进程的会议,这次会议的结果便产生了"布达佩斯开放存取先导计划"(Budapest Open Access Initiative,BOAI)。该倡议首次给出了开放存取的完整定义。

2003 年 10 月 22 日,德国、法国、意大利等国的科研机构根据 BOAI 的精神,起草了《对科学与人文科学知识开放存取的柏林宣言》,通常简称《柏林宣言》,旨在 BOAI 的基础上,将因特网作为全球科学知识的基地和人类思考的重要设施,提供给研究政策制定者、研究机构、资金代理商、图书馆、档案馆和博物馆。《柏林宣言》进一步明晰了开放存取必须满足的两个方面的条件。2004 年 5 月,中国科学院院长路甬祥和中国国家自然科学基金委员会签署了《柏林宣言》,表明中国科学界和科研资助机构支持开放存取的原则立场。

0.1.2   数字信息资源长期保存面临威胁

随着数字技术和数字出版的发展,越来越多的有价值的著述内容已经只能以数字形式来管理、保存和使用。根据美国加州大学伯克利分校住处管理与系统学院的统计,仅 2002 年产生的纸张、胶片、磁盘和光盘存储的信息大约有 5 艾字节(5EB;1EB＝1024PB, 1PB＝1024TB, 1TB＝1024GB, 1GB＝1024MB, 1MB＝1024KB, 1KB＝1024Byte)。可见,数字信息资源的数量很大。美国"国家数字信息基础设施和保藏计划"(national digital information intrastructure and preservation program)网站明确指出:"在许多情况下,数字资源比物理资源更脆弱。这些文档本身更容易被毁坏,或者它们的载体很容易被淘汰。"

根据数字信息资源产生的形态,数字资源可以分为数字再造资源和原生数字资源。数字再造资源是对以前存在的资源进行数字化再造而形成的"数字拷贝",是原物的一种表现形式,而原生数字资源则是仅仅以数字形式存在的数据。例如,万维网网站、电子出版物、多媒体产品、文化和科技数据库等①。"原生数字资源"没有其他的存储形式,一旦破坏,会永远丢失。"因为通常没有单独制造出来数字格式资料的模拟(物理)材料版本,这些作为历史资源的所谓原生数字资源即面临着更大的消失和不可获得的风险,或阻止未来研究人员利用它们原始的形式研究它们的风险。数以万计的数字资

①   Linda Ashcroft., *Long-term preservation of our digital asset is a step closer: report on first year's activity by Digital Coalition published*, New Library World, 2004, Vol. 105, Iss. 5/6:227.

源,诸如安装在早期互联网上的网站,已经消失了"①。对于一些特殊的信息资源而言,其长期保存的难度更大。如数字地理空间数据的保存涉及数据转换、文件大小、适当的数据格式、版权以及文档格式的复杂性等。事实上,由于计算机界面的变化,有的数据已经无法再读取,如 1960 年美国人口调查统计数据存储只有用 UNIVAC Type II-A Tape Drive 才能读取,全世界只有两台机器可以读,一台在日本,另一台在美国 Smithsonian 博物馆。

数字化信息的长期可获得性是从事知识、加工、管理专业学者研究的一个专业化问题,是为了确保信息能够被下一代获得,保障我们创造的知识能够进一步得到发展。数字化信息的基础性和普遍性使得长期保存的负担甚至已经远远超出单个和某些机构的能力。许多国家已经认识到保存数字信息资源的紧迫性,为此进行了一系列的研究和实验。2003 年 8 月,美国国家自然科学基金(NSF)和美国国会图书馆联合发布了《现在是行动起来的时候了:数字存档与长期保存的研究挑战》报告②,提出这一问题的紧迫性和解决对策。这一问题在我国同样存在,军队政治工作数字信息资源面临的问题更加突出。

0.1.3　政治工作信息资源建设迫切要求

军队政治工作信息化建设的实质,是在政治工作领域中

---

① *Library of Congress announces awards of ＄13.9 million to begin building a network of partners for digital preservation.*［EB/OL］［2014 - 01 - 05］http://www.loc.gov/today/pr/2004/04 - 171.html.

② *It's about time: research challenges in digital archiving and long-term preservation.*［EB/OL］［2014 - 01 - 08］http://digitalpreservation.gov/about/NSF.pdf.

对现代信息技术的全面运用和对信息资源的广泛开发利用①。军队政治工作信息化建设与社会信息技术的发展密切相关。在军队政治工作领域,信息资源同样经历了从传统资源为主体到数字资源为主体的巨大变化。政治工作信息资源建设是军队政治工作信息化建设的核心任务,是体现我军政治工作特色的精彩华章。

军队政治工作信息资源,指的就是军队政治工作活动中产生的、经过有序化处理的、能对部队政治工作效能产生影响的有用信息的集合。从内容上讲,其范围包括党、国家和军队领导人讲话、中共中央、中央军委文献、解放军四总部和武警总部指示、政治工作法规制度、政治工作经验和学术研究成果、部队官兵思想行为数据,社情、民情等等。军队政治工作信息资源建设,就是对处于无序状态的各类原始政治工作信息进行选择、采集、组织和开发等活动,使之形成可资利用的信息资源体系的全过程。在军队政治工作信息化建设发展布局中,基础设施建设与信息资源建设无疑是两个重要组成部分。人们形象地将其喻为"路"和"车"的关系。但从军队政治工作信息化发展现状来看,政治工作信息资源建设与服务无论是实践还是理论研究都相对滞后。因此,研究如何有效借鉴、充分吸引现代信息技术和理念进行军队政治工作数字资源的开发和利用,是军队政治工作信息化建设的紧迫课题。

军队政治工作数字资源同样面临着长期保存和利用这一

①　沈国权、罗剑明:《军队政治工作信息化建设研究》,北京:解放军出版社,2007年,第32页。

问题的挑战。随着数字学术的繁荣,军队政治工作信息资源同其他学科的信息资源一样,正以指数级速度急剧增长。海量的信息与数据的生成和积累为军队思想政治工作提供了取之不尽的信息资源。但现实情况是,这些宝贵的数字资源要么处于无序或分散的状态,要么以一种垄断方式被管理和存储,不利于共享利用。同时,没有可以信赖的机构能够做到及时永久保存这些数字资源,使其随时面临因技术过时和载体变质而损失的危险。以军队政治类院校为例,许多集众多领导和学者集体智慧,由专家教授、机关干部呕心沥血才形成的政治工作相关特色资源,如领导讲话、教学简报、报告、课件、讲义、调研报告、录音、录像等等数字资源散落于各个机关、教研室和教员手中。其中绝大多数的原生数字化智力资源无法、也不能在单位以外出版,即使是单位内,也无法有效实现交流与共享。这不利于政治工作学科建设,也使许多重要的学术与文献资源失去了传承的机会,并导致大量的重复性智力劳动,使政治工作信息资源的建设和使用效益不高。为此,许多政治工作者通过计算机、个人网页、博客、E-mail 等方式来存储自己的教学与科研成果,但是由于个人无法保障系统安全性、网站周期性地重组网页以及容量限制等原因,使得学者科学研究的心血在任何时候都处于极大的变数之中。由此可见,从事军队政治工作研究和教育的机构,迫切需要运用开放理念,建设一个平台,去记载、保存、组织、发布、评价并与同行交流这些政治工作特色的数字资源,充分利用全军政工网将全军院校、科研院所与基层部队连接互通的优势,建立开放的军队政治工作数字资源交流与共享平台。

以上背景,构成本书的研究动机。

0.2　研究的目的和意义

0.2.1　研究目的

军队政治工作数字资源开放平台(以下简称"开放平台"),是指在开放存取理念的指导下,以全军政工网作为分布式运行环境,遵循 OAI(open archive initiative,开放文档倡议)协议标准,通过机构知识库(institutional repositories,IR)模式建设的一个实现政治工作信息资源,特别是原生数字资源的数据上传、分级审核、自动分类、集中整合,动态发布、长期保存和网络传播的智能化信息服务平台。平台基于标准OAI 协议,能够在分级审核、安全认证的保护机制下,最大限度地实现开放平台系统内部、系统之间的资源共享。

开放平台构建的目的,是将军队政治工作信息资源建设,由面向少数专业加工人员的封闭式数据采集、加工、利用,转换为面向机构或单位(学院、研究所、各军师单位)全员的数据采集、加工和利用。当各单位的开放平台之间以 OAI-PMH(元数据收割协议)和 OAI-ORE(数据对象交换协议)①协议组成联盟,就可实现全军范围内的军队政治工作信息资源的共建和共享。

目前,军队机构知识库的建设还没有起步,各单位使用的主要还是总参军训部配发的《数字生产加工平台》和清华同方、万方数据库等(以下简称传统平台)。与传统的数字资源加工平

---

① 　详见第 6 章。

台相比,在军队单位以机构知识库模式构建开放平台对政治工作原生数字资源的组织和利用效率具有明显的优势。

开放平台采用面向本单位用户的全开放实时数据采集模式;传统平台则采用面向少数专业加工人员的封闭式数据采集模式。从功能侧重的角度来说,开放平台侧重于对各类原生数字资源的分布式采集、分级审核、集中式组织管理和共享利用;传统平台则主要针对期刊报纸等纸质媒介进行集中式数字化处理加工(含分类、标引)。就资源对象而言,开放平台采用数据流(bit stream)的存储机制。这保证了任何格式的文献资源均能够实现原始完整格式的长期存储和利用,包括 text 文本、html、doc、ppt、pdf、caj 和 kdh 等文件,图片、音频、视频等所有格式的原生数字资源;传统平台则采用自有、专用的电子文档(pdf、caj 等)格式存储,其他格式需要转换为专用格式。

就安全认证方式而言,开放平台基于用户授权的分级别知识产权保护机制,最大限度地保护用户上传原生数字资源的知识产权,对特殊资源实行"分级、分权共享"(例如,对于院校用户,设定本教研室共享、本系共享、本校共享和军队院校范围内共享等授权级别);传统平台中,文献的使用权限由系统管理员统一设置,用户无权控制,系统安全性很弱,容易受到攻击。就资源审核功能而言,开放平台具备一整套可定制的数字资源上传分级审核流程,保证原生数字资源来源的质量(如在建设政治工作专题数据库和敏感数据库时,可以设定由专门的组织成员审核通过后才能发布。传统平台则无分级审核功能)。

就资源共享的方式而言,开放平台基于标准的 OAI-PMH 元数据收割协议和 OAI-ORE 数据对象交换协议,借助句柄系统实现机构之间文献资源唯一标识,能够最终实现军队院校、机构间同构系统和异构系统（只要具备 OAI 协议支持）的共建共享；传统平台则要求使用专有格式的电子文档，并仅限于使用本系统的相互之间数据迁移。

从采用的分类体系的角度来看，开放平台基于运行时可定制的资源分类体系，动态组织原生数字资源的知识导航；传统平台中，每个专题数据库只能人工设定一套固定的分类体系，数据一旦入库就无法修改。就可持续发展性而言，开放平台面向本单位全体用户，以联盟形式面向军队全员，原生数字资源的来源和后续建设延续不断，长期生存能进一步体现机构或单位的智力资源竞争实力；传统平台面向专业加工人员的建库模式。随着军事斗争的信息需求变化，特色库的后续建设没有保障，同时必须每年投入相应经费才能保障专题库的后续发展。

另外，开放平台通过标准的导入和导出工具，可以对多种格式的数字资源批量导入、导出，减轻管理和维护数字资源的工作负荷。传统平台采取批量增加的形式，追加专用格式的数字资源。

构建基于全军政工网的军队政治工作数字资源开放共享平台，将使军队政治工作信息资源突破信息载体的约束，真正实现跨时空存取，做到一方建设、多方利用、资源共享，为军队各个机构或单位最大限度利用政治工作网络信息资源、开展政治工作研究、共享政治工作信息资源建设成果提供一个全新的发展环境。

0.2.2　研究意义

充分发挥军队政治院校和其他相关研究机构的科研优势，实现政治工作数字资源的共同建设、统一管理、资源共享，是加强军队政治工作信息资源建设的有效途径。

0.2.2.1 平台建设有利于对政治工作传统资源的数字化、网络化处理

早在 1980 年,美国未来学家阿尔温·托夫勒就在《第三次浪潮》中指出:"谁掌握了信息,控制了网络,谁就拥有了世界。"这里的信息,就是指能在网络中自由流动的数字化信息。我军政治工作诞生于革命战争年代,在艰苦卓绝的斗争中形成了一系列优良传统,在支援国家经济建设、完成急难险重任务的过程中积累了丰富的经验。但是,目前我军政治工作传统的历史资料和文献大部分还留在纸质载体、胶片、磁带(盘)等介质上,或保管在文档部门或展示在单位史馆里,许多典型事例、英模人物、英雄事迹还散落在部队中。虽然也有不少单位对这些"红色资源"进行了扫描、微缩等数字化加工,但由于没有可以长期保存、向全军展示的平台,许多反映我军优良传统的数字化资源失去了进一步发扬光大的机会。开放平台侧重于对军队政治工作各类原生数字资源的分布式采集、集中式组织管理和共享利用,为我军政治工作"传家宝"的整理提炼、深入挖掘和系统利用注入强劲的动力。

0.2.2.2 平台建设有利于对政治工作理论资源加以综合集成

我军政治工作在发展中不断总结实践经验,把大量零散的感性认识上升为系统理论,形成了成熟的政治工作理论体系。这些理论内容丰富,体系完整,既有政治工作发展史研究,也有政治工作基本原理论述;既有平时业务工作理论,又有战时政治工作理论;既有实践经验的总结,又有革命领袖的经典论述。在政治工作实践中,这些理论资源发挥了重要的指导作用,但综合

集成还不够。一方面,政治工作理论资源在院校、机关等单位比较充裕,而在基层部队建设一线则相对贫乏;另一方面,不同领域的政治工作信息资源还缺乏整合,综合性不强。其中最重要的原因,就是没有满足军队政治工作资源建设特殊需求的资源共建、共享的平台。开放平台具备完整的知识产权保护机制,对特殊资源可实施实时且可定制的分级审核流程,实行"分级、分权共享",能够动员全军政治工作者的力量,为这些理论资源的数字化加工、处理、配置、利用提供统一的平台,有利于在全军范围内对政治工作理论资源的充分开发利用。

0.2.2.3 平台建设有利于对政治工作实践加以深度开发

近年来,政治工作紧紧围绕军事斗争准备加强信息化建设,作战、训练中政治工作信息化已经启动。作战、训练中政治工作信息资源的时效性非常强,具有动态变化活的特点。着眼于这些特点,有效整合集成政治工作信息资源,力求使它们"联起来、流起来、活起来",是政治工作信息化建设的基础工程和核心内容。但是,从全军来看,作战、训练中的政治工作资源的开发利用程度较低,对新情况、新问题的研究解决还缺乏充足的信息支撑,一些部队已总结提炼出来的经验还没有很好地在全军推广。这些好的经验,往往以录音、录像、简报、课件等各种形式散落"民间",各单位信息来源整体上仍然局限在自己的狭小圈子里,"各念各的经,各唱各的戏",很难适应不断变化的外部环境,有限的"信息触角"严重制约了信息化政工的效果。开放平台的建设将使得网络延伸到那里,就把政治工作资源建设的"信息触角"延伸到那里,并且提供 Web2.0 时代时实的网络交流模式,让各个机构、单位之间有效沟通,为政治工作迅速占领"信息前沿"提供有力的平台支撑。

0.2.2.4 平台建设有利于对社会网络资源加以充分利用

政治工作信息资源的开发利用不能封闭起来孤立地建设。目前,军队政治工作信息化建设尚处于起始阶段,受人力、物力、财力等条件限制,更需要依托和借助社会信息资源,"借潮行船、借梯登高"。近年来,社会资源的开发利用取得了丰硕成果,为军队政治工作提供的资源总量越来越大,范围越来越广,内容越来越丰富。只有适时地把国家、社会发展的新气象、新成就、新经验源源不断地传递给部队官兵,才能不断增加政治工作的时代感和有效性。互联网上的信息资源为政治工作提供了极其丰富的网络资源,是政治工作的资源宝库。开放平台采用符合国际规范的通用建设标准和开放的、可实时定制的分类体系,标准化的导入导出工具等,能有效利用互联网资源,并提供强有力的工具对网上信息资源进行筛选、整理,建立诸如主题数据库、特别专题数据库等。这有利于拓展政治工作信息来源渠道,增加信息储量,为政治工作提供多元的信息服务。

0.3 主 要 工 作

0.3.1 研究内容

本书以军队政治工作数字资源开放平台及其实现技术为研究对象。在继承国内外学者对机构知识库理论研究和建设成果,特别是开源机构知识库系统 DSpace 的基础上,分析军队政治工作原生数字资源开放平台的应用需求、体系结构,研究并实现开放平台构建的一些相关技术,包括元数据获取技术、基于

XML 的系统界面和功能定制技术,利用 OAI-ORE 进行数据交换的技术等等。在此基础上,实现军队政治工作原生数字资源开放平台原型系统,进行系统功能测试和结果分析。

本书主体主要包括四部分内容。

第一部分,即第 1、2、3 章,阐述开放平台建设的基础理论和技术,综述了国内外机构知识库研究与建设现状。

第二部分,即第 4、5 章,明确开放平台的功能需求和总体设计,建立系统数据模型,分析系统元数据类型,讨论利用 DSpace 开源系统实现开放平台基本功能的原理。

第三部分,即第 6 章,详细阐述利用 Manakin 项目进行开放平台系统功能和界面定制的技术。明确 Manakin 的设计思路,分析其底层架构——Apache Cocoon 的基本原理,讨论 Manakin 在 DSpace 集成开发中的应用实践。

第四部分,即第 7 章,阐述利用 OAI 协议进行开放平台之间互操作的原理。讨论利用 OAI-PMH 进行元数据交换的原理,详细分析利用 OAI-ORE 协议进行数据交换的基本原理,分析 OAI-ORE 在 DSpace 中的具体实现。

最后在第 8 章中进行原型系统功能测试和结果分析。

本书的研究和探索有助于丰富我国机构知识库领域的理论研究,促进军队政治工作信息资源建设的发展实践。

0.3.2　研究方法和技术路线

对军队政治工作原生数字资源开放平台的研究及实现基本遵循软件工程规范,采用了需求分析—总体设计—详细设计—实现—测试的研究过程。本书的研究方法和技术路线如图 0-1 所示。

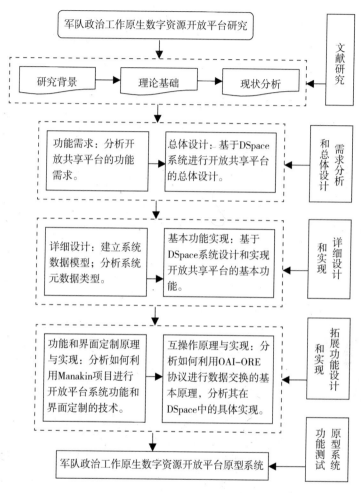

图 0 - 1　本书的研究方法和技术路线

0.3.3　说明

本书是笔者所承担的上海市哲学社会科学规划一般课题"军队政治工作原生数字化智力资源开放平台建设研究"的研

究成果。课题以开放平台建设为主要研究对象，但研究的过程和研究的成果并不仅仅局限于这个范围，而是在更广阔的机构知识库构建、军队政治工作信息化，特别是政治工作信息资源开发利用的研究背景之下，笔者的汇报总结。

1 基础理论和技术

论述本书研究的基础理论——数字资源的开放存取理论和机构知识库理论；分析建设机构知识库的主要技术——数字对象管理技术和互操作技术。其中，数字对象管理技术是机构知识库实现内容组织和长期保存的关键技术，互操作技术是实现机构知识库开放存取与共享的关键技术。

1.1 开放存取理论

20 世纪 70 年代，欧美各国的科学研究中一度出现了"学术期刊危机"，学术交流封闭滞后，出现障碍。开放存取的初衷，就是构建一个真正服务于科学研究的学术交流体系。

1.1.1 开放存取运动及其含义

"学术期刊危机"是指 20 世纪 70 年代以来，学术期刊出版市场日益出现的一种趋势，即市场逐渐由出版商控制，在给出版商带来高额利润的同时，却限制了众多学者阅读期刊进而了解作者研究成果的机会。为应对"学术期刊危机",开放存取运动(open access movements)20 世纪 90 年代初在国际学术界、出版界和图书情报界大规模兴起。2001 年 12 月,美国开放社会研究所(Open Society Institute,OSI)在布达佩斯召开了信息自由传播会议,会上产生了"布达佩斯开放存取先导计划"(Budapest Open Access Initiative,BOAI)。目前全世界已有 6098 个相关研究机构签署了 BOAI 倡议,表示支持对学术研究论文的开放存取[①]。

　　BOAI 给出的开放存取的定义是[②]:对文献的"开放存取"即意味着它在互联网公共领域里可以被免费获取,并允许任何用户阅读、下载、复制、传递、打印、检索该文献,或实现其全文链接、为之建立索引、用作软件的输入数据或其他任何合法用途。用户在使用该文献时不受经济、法律和技术的限制,而只需在存取时保持文献的完整性。对其复制和传递的唯一限制,或者说版权的唯一作用是使作者有权控制其作品的完整性,及作品被正确接受和引用。

　　为进一步推广实践开放存取理念,2003 年 10 月 22 日,德国、法国、意大利等国的科研机构起草了《对科学与人文科学知识开放存取的柏林宣言》。《柏林宣言》指出[③],开放存取必须满足两个方面的条件:

　　① *Budapest Open Access Initiative*. View Signatures,[EB/OL][2014 - 8 - 19] http://www.soros.org/openaccess.

　　② *What does BOAI mean by "Open access"*.[EB/OL][2014 - 7 - 19] http://www.earlham.edu/~peters/fos/boai.htm♯Open acess.

　　③ *Berlin Declaration on open access to knowledge in the sciences and humanities*,[EB/OL][2014 - 7 - 19] http://oa.mpg.de/openaccess-berlin/berlindeclaration.html.

第一个条件是,作者和版权所有人承诺:所有用户具有免费、不被更改、全球和永久使用其作品的权利,在承认作者身份的条件下,为了任何责任的目的,许可所有用户使用任何数字媒介形态,公开复制、使用、发行、传播和展示其作品,制作和发行其衍生作品,并允许所有用户打印少量份数以供个人使用。

第二个条件是,完整版本的作品及其附属资料,包括上面提到的许可承诺,以适当的标准电子格式在原始论文发表后,立即存储在至少一个以恰当的技术标准(比如 open archive 定义的标准)建立的在线数据库中。这个数据库是由研究所、学术团体、政府机构或其他组织支持的,而这些组织机构都力求使开放式访问、无限制的传播、互用性和长期存档成为可能①。

联合国倡议并发起的信息社会峰会(World Summit on the Information Society,简称 WSIS)是各国领导人最高级别的会议。2003 年 12 月 10 日在日内瓦召开 WSIS 会议,峰会通过了有关信息社会的基本原则的《原则宣言》和建设信息社会的《行动计划》,题为"建设信息社会——新千年的全球性挑战"。《原则宣言》的 A 部分指出:"宣告我们建设一个以人为本、具有包容性和面向发展的信息社会的共同愿望与承诺。在此信息社会中,人人可以创造、获取使用和分享信息和知识,使个人、社区和各国人民均能充分发挥各自的潜力,促进实现可持续发展并提高生活质量。"其参与方包括政府、政府

---

① *Berlin Declaration on open access to knowledge in the sciences and humanities*,[2014 - 01 - 05] http://oa.mpg.de/openaccess-berlin/berlindeclration.html.

间和非政府组织、私营部门和民间团体。《原则宣言》中声明
要推动电子出版、区别对待价格和开放行为,以使物资科学信
息在所有国家得到公平使用。会议还签署了文件,将 OA
(open archive)作为鼓励世界发展的手段之一。

1.1.2　开放存取的实现途径

开放存取的实现途径,被广泛认同的是《布达佩斯开放存
取先导计划》(BOAI)建议的两个策略。

1.1.2.1　*绿色之路*(green route):*自行典藏*(self-archiving)

通常被称为 BOAI-1。学者需要借助工具及协助,才能把
他们的论文置于开放存取电子仓库;这些仓库符合开放档案
倡议(open archives initiative, OAI)的标准,搜索引擎等工具
可以将分散的仓储视为一个。作者将自己论文资料的预印本
(preprint)或后印本(postprint)存储在某个开放存取站点,供
读者免费取用。可细分为以下三种方式:

一是机构知识库(institutional repositories,简称 IR)。机
构知识库又称为机构库、机构仓储、机构典藏库[①],是收集、存
放由某个或多个学术机构(例如大学、研究所、图书馆、博物馆
等)的专家、教授、学生创造的,可供机构内外用户共享的学术
文献的数据库[②]。机构知识库应该具有以下几个要素:第一,
构建的主体是机构,这与基于学科和专题的数据库存在本质
的区别;第二,内容大部分都是学术性的知识资源,如预印本、
学位论文、工作报告、多媒体数据、会议论文、教学资料、实验

---

①　后文中,根据引文的不同,保持原作者引用的名称。
②　黄凯文、刘芳:《网络科学信息资源"公开存取运动"的模式与方法》,《大
学图书馆学报》,2005 年第 2 期,第 38－41 页。

结果等;第三,机构知识库中的知识资源是动态增加并长期保存的;第四,开放性,机构知识库既要保证与其他机构知识库之间的互操作,还需要保证将其中绝大部分内容向世界范围内的所有用户开放。

二是学科(主题)库(subject repositories)。在国外通常称为"subject repositories""disciplinary archives""domain specific data archives",国内通常翻译为"学科知识库""学科仓储"等。学科库专门用于收集某一特定学科研究资源的各种类型的电子文档。最普通的类型是电子印本文库(e-print archive)。e-print 是一种电子方式复制的文献,一般是学术研究文献。它通常包括两种形式:未经审核的预印本(preprint)或已经审核过的后印本(postprint)。可见,学科库实际上是一种专题性的机构知识库。

三是个人主页(homepage)。即用位于互联网上的个人主页作为存放论文的空间,但个人主页与作者个人紧密相关,作者的任何变动都会导致个人存档的中断,个人网站的维护与稳定性也没有保障。又由于个人主页难于被搜索引擎发现,所以影响也不大。

因此,自行典藏的形式主要是机构知识库。

1.1.2.2 金色之路(golden route):开放存取期刊(open access journals)

通常被称为 BOAI-2。学者通常需要借助工具才能创办开放存取期刊,或转换收费存取期刊为开放存取期刊。期刊论文本身希望尽量被传播出去,创办的开放存取期刊不再以著作权限制存取的范围,而是以著作权来保护期刊的永久开放存取。

　　与开放存储仓储不同,开放存取期刊与传统期刊一样,对提交的论文实施严格的同行评审,从而保证期刊的质量。为读者提供免费访问服务,并不意味着出版开放存取期刊也是免费的。虽然相对于传统印本期刊而言,开放存取期刊由于以网络电子期刊为主,所以其出版成本和传播成本已经大大降低,但由于一些必要的支出(尤其是开放存取期刊坚持严格的质量控制),所以其成本依旧存在。为弥补这种成本支出,开放存取倡导者提出了多种途径,包括争取相关机构的赞助、广告收入和为用户提供增值服务收入等,但认为最为主要的是作者付费模式。

　　从目前的总体态势来看,开放存取期刊的发展态势良好,其规模和影响力不断扩大。瑞典 Lund 大学图书馆创建和维护的开放存取期刊列表(directory of open access journals, DOAJ),该列表旨在覆盖所有学科、所有语种的高质量的开放存取同行评审刊。DOAJ 收录的开放存取期刊数量不断增加,截至 2011 年 8 月 15 日,已达 6883 种[①]。被称为全球最大开放存取期刊门户的 Open J—Gate 提供基于开放获取期刊的免费和全文链接,其主要目的是保障读者免费和不受限制地获取学术及研究领域的期刊和相关文献,截至 2011 年 8 月 15 日,收录的 OA 期刊高过 9386 种[②]。

1.1.3　开放存取运动在各国的进展

　　经过一系列的推动行动,开放存取的理念日益深入人心。各国对开放存取均持支持态度。

---

　　①　DOAJ by Country.［EB/OL］［2012 - 8 - 15］http://www.doaj.org/doaj? func=byCountry&uiLanguage=en.

　　②　Open J—Gate,［2012 - 01 - 15］http://www.openj-gate.org.

1.1.3.1　美国

美国国家卫生院分别于 2003 年与 2005 年分别签署了支持开放存取的宣言书《NIH 数据共享政策》(*NIH Data Sharing Policy*)和《数据共享计划》(*Data Sharing Plan*)。

2006 年 5 月 2 日,美国参议员提交了《2006 联邦公共存取法案》(*Federal Research Public Access Act of 2006*)(FRPAA)。提案要求被联邦资金资助的研究者,在研究论文由同行评议期刊发表后,提交一份论文的电子版;而提供资金资助的联邦机构,要保证这些论文被保存在稳定的数据存储系统中给公众免费使用。美国各大学的教务机构也意识到开放存取对科学研究潜在的益处,纷纷签署美国联邦 FRPAA 自由存储法案。

美国国家科学院(NAS)要求对国家科学院出版社(NAP)、国家科学院院刊的内容开放存取,并在国家研究委员会开展咨询活动,以推动科学知识的开放存取。

2006 年 8 月 14 日,美国化学学会(American Chemical Society)和美国物理学会(American Physical Society)分别启动了其复合期刊项目,将其部分期刊 OA(open access)化。

1.1.3.2　欧盟

2006 年 12 月欧洲研究委员会 (European Research Council,简称 ERC)发布《ERC 科学委员会开放存取宣言》。ERC 表示将通过强调同行评议重要性来保证高质量的学术研究成果的共享,并会对科研基金进行合理分配,以及制定具有吸引力的政策为建立高质量的 OA 仓储提供良好的环境。2007 年 1 月 31 日,ERC 在其行动指南中透露将给 OA 期刊出版费用予以补偿。欧洲信息与数学研究协会(European

Research Consortium for Information and Mathematics）于 2006 年 1 月公布其《开放存取宣言》，表示将遵循以下原则：其一，由政府或慈善机构资助的科研成果应无条件开放；其二，其他科研成果也应同样开放，除非受到商业、军事、安全及个人医疗健康方面保密规定的限制；其三，开放存取出版物必须通过严格的同行审查；其四，相关研究刊物、研究数据和软件同样应公开提供；其五，开放存取的提供也应尽可能地做到合乎成本效益；其六，开放存取的提供也应承担为数字资源编目、归档、复制、保管和媒体迁移的责任①。

2007 年 2 月 27 日，欧洲粒子物理研究所（European Organization for Nuclear Research）的 ATLAS 实验室发布了《开放存取出版宣言》，鼓励参与实验的 1800 名科学家将其科研成果发表于 OA 期刊。随后其他三个实验室，即 CMS 实验室、ALICE 实验室、TOTEM 实验室也宣称采纳该宣言。

1.1.3.3　英国、德国、法国、瑞典、俄罗斯②

2003 年 4 月 14 日，英国皇家学会要求改革包括著作权、专利权以及数据库权在内的知识产权，以扩大科学出版物的开放性来除去科学研究的障碍。之后，惠基金会于 2003 年 10 月，英国研究理事会于 2005 年 5 月，英国人文社科科学研究理事会于 2007 年 9 月，分别宣布其资助的科研项目成果必须以开放存取的形式发表。

德国高校联盟于 2005 年 5 月 2 日正式启动"开放存取信

---

① 　Statement on Open Access. ［2013 - 10 - 15］http://www.ercim.org/publication/Ercim_News/enw64/ercim-oa.html.

② 　肖希明等：《数字信息资源建设与服务研究》，武汉：武汉大学出版社，2008 年，第 241 页。

息平台",用来发布全国 OA 信息资源。法国科学研究中心于 2005 年 3 月正式公布了机构知识库开放获取政策,并开始积极开展机构知识库的建立工作。瑞典研究委员会于 2007 年 11 月 5 日启动"瑞典国家数据服务计划",旨在建立一个可自动收集全国社会科学、流行病学和人文科学数据库中文献的 OA 资源数据库,服务器端设在哥德堡大学。2007 年 5 月 2 日,俄罗斯科学院中央经济与数学研究所发布指令,要求该研究者必须在所长的授权下将其研究成果放入 OA 仓储。

1.1.3.4 开放存取在我国的发展

2003 年 12 月 29 日,中国科学院院长路甬祥代表中国科学家签署《柏林宣言》。2004 年 5 月,中国科学院院长路甬祥和中国国家自然科学基金委员会主任陈宜瑜代表中国国家自然科学基金委员会签署《柏林宣言》,表明中国科学界和科研资助机构支持开放存取的原则立场。

2006 年 10 月 23 日,第二十届国际科技数据委员会 (CODATA)国际学术会议在北京开幕,来自全球 31 个国家和地区的六百多名科学家参加这一科技数据领域的"联合国会议"。中国科学技术部部长徐冠华院士应邀于开幕前做题为"实施科学数据共享,推动科技创新发展"的大会主旨报告。他提出中国实现科学数据共享的计划,其总体目标是到 2020 年建成结构合理、覆盖基础性、公益性主要领域的网络化科学数据管理与共享服务体系①。到 2020 年,国家还计划完成科学共享法规、标准规范体系的建设,建立健全共享机制,并形

---

① *China unveils plans to boost scientific data sharing*,[EB/OL][2012 - 7 - 19] http://www. scidev. net/en/news/china-unveils-plans-to-boost-scientific-data-shari. html.

成一支适应社会信息化、专业配置合理的技术服务型管理队伍,实现 80% 以上公益性、基础性数据资源面向全社会共享,使科学数据资源的积累与共享达到基本满足科技创新和国家发展的需求。

目前来看,开放存取运动在我国还有很大的发展空间。在截至 2011 年 8 月 15 日 DOAJ 收录的开放存取期刊中,美国有 1307 种,印度 341 种,中国目前仅 30 种[1],排在全球第 39 名,还有待加强宣传,不断充实。

开放存取运动和在开放存取理念支持下建设的数字信息资源保障体系,必将为我国建设信息化社会、创建创新型国家提供新的契机。同时,数字信息资源的开放存取理念对促进军队信息化建设和政治工作信息化建设信息资源的开发和利用也必将产生深远的影响。"军队政治工作原生资源开放平台"正是在这一理念指导下建设的军队政治工作信息资源的基础设施。

1.2　机构知识库理论

机构知识库是伴随着开放存取的发展而兴起的一种学术交流与资源共享的新模式。其实质是在网络中收集、存储、发布和长期保存本机构(主要是大学或科研机构)或多个机构成员中的电子学术资源,且能被机构内外用户共享的学术资源数据库。

---

① DOAJ by Country.［EB/OL］［2012-8-15］http://www.doaj.org/doaj? func=byCountry&uiLanguage=en.

1.2.1　机构知识库的内涵

2002 年,学术出版与学术资源联盟(Scholar Publishing and Academic Resource Coalition, SPARC)高级顾问 Raym Crow 撰写了《机构知识库的原由: SPARC 意见书》,首次提出了机构知识库的概念,该文将机构知识库定义为获取和保存一个或多个大学的智力产出为数字化集合[①]。同年,美国研究图书馆协会(ARL)、SPARC 和 网 络 信 息 联 盟 (coalition for networked information, CNI)联合召开了 SPARC 机构库研讨会(sparc ir workshop),专门从事机构知识库的理论和实践研究,内容涉及机构知识库的相关技术、内容管理、质量控制及成本管理等。

2003 年, CNI 的执行理事 Clifford A. Lynch[②] 在《机构库:数字时代重要的学术基础设施》一文中,将机构库定义为一个大学向其成员提供的、用以管理和传播该大学及其成员所创造的数字资源的一系列服务。

加拿大研究图书馆协会(Canadian Association of Research Libraries, CARL)则提出[③],所谓机构知识库就是搜集、存储学术机构成员的知识资源,并提供检索的数字知识库,同时认为机构库可以作为一个全球知识库的子库,为世界范围的网络

---

① *The case for institutional repositories: a SPARC position paper*, [EB/OL] [2012 - 7 - 20] http://www.arl.org/sparc/bm~doc/ir_final_release_102.pdf.

② *Institutional repositories: essential infrastructure for scholarship in the digital age*, [EB/OL] [2012 - 7 - 20] http://www.arl.org/resources/pubs/br/br226/br226ir~print.shtml.

③ *Institutional repositories: innovation in scholarly publishing*, [EB/OL] [2012 - 7 - 20] http://www.carl-abrc.ca/projects/institutional_reoisutiries/about-e.html.

用户服务。

在我国,上海图书馆馆长吴建中教授持与 CARL 类似的观点①,认为机构库是指收集并保存单个或数个大学共同体知识资源的知识库,在学术交流体系改革的诸要素中扮演着关键的角色,即扩大对研究资源的存取能力,重申学术机构对学术的控制力,增强竞争力,减少杂志的垄断性,提高经济自救力和与各类机构及图书馆之间的关联性等。同时,在为提高大学质量的具体指标方面,在提高研究活动的科学、社会以及经济的关注度方面,以及在增强研究机构的知名度、地位及公共价值等方面创造了必要的条件。

国家图书馆的魏宇清给机构知识库的定义是②:它是一个基于网络的学术机构智力成果数字库,集中了学术机构的所有研究成果,内容可以免费获取。它增加了机构研究成果的可见度,提高了机构的地位和声望,使机构更容易实现其科学、社会和经济价值。因此,IR(institutional repository)库是衡量机构学术质量的一个有意义的标准。

尽管不同机构、学者对机构库下的定义不完全相同,但概括起来,我们认为,机构知识库是由一个或多个机构协作建立的单一系统或平台,它用于长期收集和保存、集中管理和组织机构内部产生的数字学术资源和某些相关外部资源,以供机构内外用户免费使用。对于机构之间,可以通过国际互通标准(如 OAI-PMH 协议和 OAI-ORE 协议)实现跨库检索和互操作。

---

① 吴建中:《图书馆 Vs 机构库——图书馆战略发展的再思考》,《中国图书馆学报》,2004 年第 5 期,第 5-8 页。

② 魏宇清:《机构库的发展与图书馆的对策》,《国家图书馆学刊》,2006 年第 4 期,第 64-66 页。

1.2.2　机构知识库的特点

机构知识库作为一种新兴事物,其特性在学术界尚无统一观点,以下摘录国内一些专家学者对机构知识库特性的表述。

中国科学院文献情报中心常唯认为 IR 具有如下特点[①]:一是机构库的构建主体是机构。其建立和运行均以机构为轴心,机构可以是实体的,如一个实体的大学、研究所、大学联合体;也可以是虚拟的,如数字科研环境下可能出现的虚拟联合实验室等。二是其构建和实现的基础平台是网络。它通过网络实现资源的提交、传播与利用,实现自身的管理和运行。三是互操作和开放性。机构知识库的优越性只有在一个机构知识库能够有效存取其他机构库中的内容时才能够充分体现出来。四是以学术资源为重点。数字学术环境中,机构知识库存储的核心内容是围绕科学研究与教学活动产生的各种学术资源。北京师范大学管理学院李广建教授从数字资源的提交、收集与描述、管理、互操作性、索引与检索、存储与保存等方面描述了IR 的特点[②]。浙江大学图书馆赵继海馆长从学术传播、电子出版、长期保存、知识管理、促进教育、科研评价、共享利用以及提高声望 8 个方面详细论述了 IR 的主要特点[③]。

虽然上述三者对 IR 特性的表述有所不同,但都是从保存与共享、知识与评价这两方面进行描述。一方面,IR 为机构

---

① 常唯:《数字学术环境中的机构知识库探析》,《图书情报工作》,2006 年第 7 期,第 46 - 50 页。

② 李广建、黄永文、张丽:《IR:现状、体系结构与发展趋势》,《情报学报》,2006 年第 2 期,第 236 - 241 页。

③ 赵继海:《机构知识库:数字图书馆发展的新领域》,《中国图书馆学报》,2006 年第 2 期,第 33 - 36 页。

成员保存知识成果,实现知识共享,推动知识创新;另一方面,IR 利用知识评价体现了个人和机构的科研能力。结合上述 IR 的特性,总结出 IR 的特点如下:

(1) 特定性。IR 的构建和运行以特定的机构为主体,存储该机构的数字资源。这里的特定机构可以是机构合作的联合体。

(2) 积累性。IR 收录的数字资源长期保存并不断积累,无论 IR 收录范围与标准如何制定,原则上数据提交后,一般将不允许撤销。

(3) 开放性与互操作性。IR 收录的数字资源不仅可以在机构内共享,而且可以通过一定的网络协议与其他 IR 平台共享。在 IR 中,数字资源的提交不再复杂,只要具备一定的权限,任何用户随时都可以通过与 IR 的交互性操作提交自己的数字资源,或对已经提交的资源进行编辑。

(4) 学术性。IR 收集的大量具有学术价值的数字资源,能够反映一个机构(或机构联合体)的学术水平。

(5) 资源类型多样性。IR 不仅可以收录常见的研究性学术资源,如期刊论文、电子预印文本、技术报告、会议论文及数字图书馆资源,还可以收录诸如工作文件、图像、音频和视频文件、学习资料、海报、教学资料或课件、软件程序等具备一定价值的资源。

1.2.3　机构知识库的功能和作用

目前,即使在发达国家,IR 系统仍未被普遍应用于学术传播。但是随着互联网和数字技术的发展和融合,机构知识库作为数字资源长期保存和共享的解决方案是可以预期的,

它将成为一种学术传播的重要模式。作为大学和研究机构中信息存储与共享的平台,机构知识库的主要功能和作用有:

(1) 学术传播。学术传播是建立 IR 的初衷之一。根据 Lynch 的观点,学术传播(scholarly communication)的概念要比学术出版(scholarly publishing)宽泛得多,后者是前者的组成部分之一①。因此,IR 不能简单地理解为取代学术出版,它将原来不作为正式出版的各种知识、信息通过网络发布,而且具有知识、信息集成的功能。

(2) 电子出版。IR 可将各种不同类型的知识和信息内容摘取,按照统一的格式(如 pdf)发布,因而它具有电子出版(epublishing)的功能。通过 IR,可以将未正式出版的大量知识信息进行发布和交流。

(3) 长期保存。IR 为大学或研究机构的知识和信息提供一个长期保存的安全场所,从而克服各部门以及个人分散保存信息的弊端和风险。通过长期的积累,IR 将成为一个大学或研究机构的知识宝库。

(4) 知识管理。通过 IR 的集中式数字对象管理和机构间的相互链接,其存储的信息和知识可以更加方便、快捷、高效地为用户所利用。

(5) 促进教育。大学的师生可以利用 IR 丰富的教学信息资源,提高教学效果。学生可通过 IR 的各类课件进行自主学习、作业和考试,教师可通过 IR 交流、完善教学课件和教学方法,科研人员可通过 IR 进行继续教育和进修提高。

① Lynch C. A, *Institutional repositories: essential infrastructure for scholarship in the digital age*,[EB/OL][2012 - 7 - 20] http://dspace. uniroma2.it/dspace/bitstream/2108/261/1/ir.html.

（6）科研评价。IR 可作为对教师和研究人员科研活动的评价工具，可以使大学或研究机构方便地了解各种研究成果的价值。

（7）开放获取。IR 是学术资源开放共享的重要工具。不同的大学和研究机构。通过建立共享利用机制，在权利义务平衡的前提下，相互开放学术资源，对于加强校际之间的学术交流，降低学术信息利用成本具有非常重要的作用。

（8）提高声望。IR 是对外进行学术交流的重要窗口，可以展示一个大学或研究机构的学术成果，提高论著的被引用率，扩大在学术界的影响力。对图书馆构建 IR，可进一步发挥它在学术传播、信息存储和知识服务中的作用，提升图书馆在大学和研究机构中的学术地位。

（9）展示平台。IR 通过展现机构知识资源，能够更好地促进知识的传播。在 IR 平台中，不仅可以展示论文等理论成果，还可以展示实际的研究产品，例如自行研制的软件或其他的实物产品等等。

1.3　数字对象管理技术

数字对象管理技术是机构知识库实现其内容组织、管理、保存的关键技术。在这方面里程碑式的进展是开放文档信息系统（open archival information system，OAIS）参考模型的制定。

1.3.1　OAIS 参考模型

OAIS 定义了一个数据保存及管理的总体框架，由美国空间数据系统咨询委员会(The Consultative Committee for Space Data Systems，CCSDS)制定，2003 年作为 ISO 的标准(ISO14721:2003)颁发。OAIS 是在抽象层面上提出的一个参考模型，一个系统结构，一个总体框架，不是实施规范。任何致力于数字信息长期保存活动的系统和组织都可以在其基础上构建自己的长期保存系统框架。大部分机构知识库都全部或部分地实现了 OAIS 模型。

OAIS 模型定义了功能模型和信息模型、信息包在各功能模块之间的转换三部分内容①。功能模型概述了知识库需承担的一系列功能，并详细界定了这些功能。信息模型界定了保存和获取存储在知识库中的数字对象所需要的信息或元数据。信息包转换实现从信息生产者经由 OAIS 到信息用户这个生命周期过程中在逻辑上或物理上的相互转换。

1.3.1.1 信息模型

OAIS 提供了一个关于存档管理的数字对象的描述，这就是 OAIS 信息模型。OAIS 信息模型如图 1 - 1 所示。OAIS 中，信息以两种形式存在—作为一个物理对象(如一篇论文文献)或作为一个数字对象(如一个 pdf、tiff 文件)，两种类型共同称为数据对象。对数据对象意义的理解要结合用户的知识库和与数据对象相联系的表示信息才能实现。表示信息的功能是将数据对象转化为可理解的有意义的信息，它又包括结构信息和语义信息。数据对象与表示信息的结合被称为信息对象。在数字环境下，这是指一个比特序列以及使比特流可

---

① *Reference Model for an Open Archival Information System* (*OAIS*)，[EB/OL] [2012 - 7 - 21] http://public.ccsds.org/publications/archive/650x0b1.pdf.

以被理解所需要的数据。信息对象有四种类型：

（1）内容信息（content information，CI），指由各种保存数字资源或数据对象与表示信息（represervation description information）元数据组成；

（2）保存描述信息（preservation description information，PDI），包括对内容信息的保存进行管理所需要的信息，如参见信息（reference information）、出处信息（provenance information）、关联信息（context information）和完整性信息（fixity information）；

（3）包装信息（packaging information，PI），把数据对象和相关的元数据封装成一个可以识别的单元或包；

（4）描述信息（descriptive information，DI），帮助对内容信息的获取。

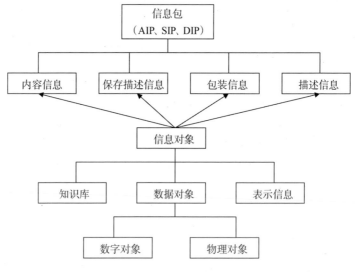

图 1-1　OAIS 信息模型

此外，OAIS 采用一个重要的概念模型——信息包（information package）。信息包是功能模型中各个模块之间传递的基本对象。一个信息包可以看作是一个概念性的容器。它包含两种信息：内容信息（content information）和保存描述信息（preservation description information）。内容信息和保存描述信息被认为是通过包装信息（packaging information）进行封装和标识的，而为了使打好的信息包可以被了解和发现，需要通过描述信息（descriptive information）对信息包进行描述。内容信息是要保存的原始信息，它由内容数据对象及其相关的表征信息组成。

如同物品打包一样，我们是为了物品的搬运、流转及方便查找利用。而这其中，可能有些物品要一直保持打包状态，有些则需要取出使用。OAIS 信息模型就提出了三种信息包：提交信息包（submission information package，SIP）、存档信息包（archival information package，AIP）和传播信息包（dissemination information package，DIP）。

SIP 即提交信息包，是由信息生产者提交给 OAIS 系统的信息包；AIP（archival information package）即存储信息包，是由 OAIS 系统负责保存的信息包；DIP（dissemination information package）即发布信息包，是由 OAIS 系统根据用户请求而传递给用户的信息包。

1.3.1.2　功能模型

OAIS 参考模型在生产者、管理者以及用户三个参与主体的基础上，定义了六大主要功能，如图 1-2 所示，包括存取（access）、系统管理（administration）、档案存储（archival storage）、数据管理（data management）、摄入（ingest）和保存规划(preservation)。

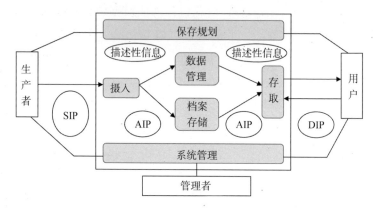

图 1－2　OAIS 参考模型

　　摄入功能模块负责接收生产者提供的具有一定格式的信息包(SIP);数据管理模块负责管理日常的数据长期存储的操作过程;档案存储模块负责将各种数据化信息存储在保存系统中;系统管理模块负责监控各个模块的运行;保存规划模块负责制定 OAIS 模型的保存策略;存取模块具有负责允许用户检索所需信息的功能,同时附有权限认证与管理功能。

1.3.1.3　信息包转换

　　从信息生产者经由 OAIS 到信息用户,这个生命周期过程中存在以下几种转换。

　　(1)信息生产者实体中的数据转换:首先当生产者作出将信息存储在 OAIS 的决定后,他需要与档案工作者就 SIP 的内容、格式、储存时间等问题达成提交协议。

　　(2)摄取功能模块中的数据转换:OAIS 不需要保持 SIP 中的信息与原来完全一致,SIP 在 OAIS 中的形式和内容都可能发生变化。因此,SIP 与 AIP 的映射关系并不是一一对应的。

（3）长期存储和数据管理功能模块中的数据转换：长期存储功能模块将 AIP 转换成长久保存的档案信息，数据管理功能模块接收由摄取功能模块产生的包描述并且补充现存的集合描述以囊括新接收的包描述信息。

（4）存取功能模块中的数据转换：当信息用户者需要使用信息时，检索工具能够提供给用户关于 OAIS 中储存所有信息的全景，帮助用户定位查找信息；当用户确认需要查找 OAIS 中的信息时，用户使用请求工具提出获取数据请求；存取功能模块在数据管理模块中记录下用户的请求并确认是否能够满足，并且与长期存储和数据管理模块联系请求 AIP 和相关的包描述；将 AIP 和相关的包描述转换成 DIP 集合并且将这些 DIP 存储在物理上分散的介质上，通过数据发布过程传递给用户，这一转化过程的复杂性因 OAIS 和用户的请求不同而异。

1.3.2　元数据标准

机构知识库利用元数据描述、管理数字信息。机构知识库中的数据在来源、载体类型、学科知识等多方面的复杂性，如何以安全、高效的方式来管理和访问变得极为重要，而解决这一问题的关键是对元数据进行科学有效的管理。

元数据是关于数据的数据，它包含所描述数据的大小、来源、时间、内容摘要、派生、用法等多种信息，其主要目的就是对指定数据进行有意义的模型化描述，主要目标是提供数据资源的全面指南。元数据不仅定义了机构知识库中数据的模式、来源以及抽取和转换规则等，而且整个知识库系统的运行都是基于元数据的,是元数据把知识库系统中的各个松散的组件联系起来,组成了一个有机的整体。

DC 和 MODS 是知识库中最常使用的元数据标准。而 METS 是元数据的封装标准,用于不同知识库中元数据的交换。

1.3.2.1　DC 元数据标准

随着网络资源和电子资源的日益丰富,产生于 20 世纪 60 年代的 MARC 明显落后于时代,其描述能力越来越不能适应新的资源类型。为了提供一种更容易掌握和使用的网络资源著录格式,方便网络资源的描述,提高网络资源的利用率。1995 年,美国在线电脑图书馆中心(Online Computer Library Center,OCLC)和美国国家超级计算应用中心(National Center for Supercomputing Applications,NCSA)召开了第一次都柏林核心集会议,来自图书馆界、计算机及其相关领域的 52 位专家学者经过讨论,最终达成一致意见,创建了只包含能够描述电子文献的基本特征的 Dublin core,简称 DC,并明确了其元素的描述语义。之后都柏林工作小组经过多次研讨,确定了 DC 的 15 个核心元素和限定词—堪培拉限定词,并采用 HTML 的 RDF 作为主要语法格式。1998 年 9 月,因特网工程专题组(IETE)正式接受了 DC 元素集。

DC 包括 15 个元素,即题名项(title)、主题词(subject)、描述(description)、语言描述(language)、来源(source)、关联(relation)、覆盖范围(coverage)、著作者(creator)、出版者(publisher)、合作者(contributor)、权限(rights)、日期(data)、类型(type)、识别符(identifier)、格式(format)。这 15 个元素按照内容可以分为资源内容描述项、知识产权描述项、外部属

性描述项三大项,它们可以选择使用,也可以重复使用,元素顺序可以任意排列,每个元素可以通过"堪培拉限定词"进一步扩展。

1.3.2.2 MODS 元数据标准

MODS,即 metadata object description schema 的缩写,意为"元数据对象描述模式",它是美国国会图书馆于 2002 年 6 月开发出来的,自从公布了的第一版 MODS1.0 之后,又先后公布了 MODS2.0、3.0、3.1、3.2、3.3 版和 3.4 版。

MODS 是以 MARC21 的元素和语义学为基础,用 XML 语言描述的元数据规则。可以用来对各类传统资源和数字资源进行描述,它主要应用于图书馆,也可在其他领域使用。MODS 包含一个具有层次结构的元素集,采用 W3C 网的 XML Schema 语言来表达主元素、子元素及其属性。MODS 的元素标识符是基于英语的词或短语,比较容易理解和记忆,大多数元素在 MARC 中都可以找到对应的字段,因此它可以和大量现存的图书馆数据互相兼容。在最新的版本中,MODS 增加了一些元素,适用于描述数字信息资源。MODS 中还有一些用于扩展的元素和记录管理性元素,为了充分提示描述对象,扩展元素可以引入其他的 XML schema,管理性元素增强了对记录的管理功能。在显示输出方面,MODS 采用 XSLT stylesheet 来规范显示格式,可以使用将经过编码的数据转化为原文形式。

MODS 的语义定义由元素、子元素和属性三层结构组成。在目前常用的 MODS3.2 版中,总共设有 20 个顶级元素和 2 个根元素。顶级元素有: title Info(题名信息)、note(附注)、name(名称)、subject(主题)、type of resource(资源类型)、

classification(分类)、genre(体裁形式)、related item(关联资源)、origin info(来源信息)、identifier(标识符)、language(语言)、location(馆藏位置)、physical description(载体形态描述)、access condition(检索环境)、absctract(摘要)、part(部分)、table of contents(目次)、extension(扩展)、target audience(读者对象)、record info(记录信息)。根元素是MODS 和 MODS collection。每一个元素由若干个子元素组成,元素都具有元素属性,但个别元素没有子元素和属性。MODS 元素在使用中所有的顶级元素及子元素都是可重复的,但所有属性不可重复。MODS 中所有元素的次序都是不固定的,其记录显示次序由 style sheet 来控制,属性间次序也不固定。每个 MODS 记录至少要有一个元素,顶级元素"题名信息"和子元素"题名"是每个记录必备的其他所有元素及其属性都是可选的。

与 MODS 相比,DC 的主要作用是描述网络信息资源,而不适于描述传统信息资源,适用于各个行业、各个领域,更具广泛性,而 MODS 是在 MARC 的基础上研发出来的,它不仅可以描述网络信息资源,还可以描述各种传统信息资源,更适合于图书馆界使用,更具有针对性。

1.3.2.3　METS 元数据封装标准

为了完成 OAIS 所示的功能,元数据必须按照一定的标准进行封装。1995 年美国密歇根大学和康奈尔大学合作,对美国南北战争以前的关于美国社会历史的珍贵书刊进行扫描,提供电子版本的服务,在扫描过程中产生了很多问题,由此产生了 MOA2 项目,该项目研究了通过一系列搜寻、转换、整合工具构建数字图书馆的系统,支持集成服务。作为成果之一,提出了建立描述性元数据、结构性元数据、管理性元数据来部分地解决文本和基于图像的数字作品的搜寻难题。

METS(metadata encoding & transmission standard)是数字图书馆联盟的一个项目,试图在 MOA2 的工作基础之上,提供一个基于 XML 的元数据编码格式来封装元数据,这对数字图书馆保存的数字对象的管理和数字图书馆之间以及数字图书馆与其用户的数据交换都是十分必要的。正因如此,一个 METS 文件能在 OAIS 的参考模型中被用来承担 SIP、AIP 和 DIP 的角色。

METS 标准是由美国国会图书馆发布的,是一个基于 XML 框架的,为数字图书馆的数字对象进行封装的描述性、管理性和结构性元数据标准,目前的最新版本是 1.9[①]。它可用于在不同的存贮库内的数字对象交换数据,也可以用作对数字对象本地化的输入、检索和显示的封装机制。

METS 文件由四个主要"单元"组成[②]:

(1) 描述性的元数据——记录了 METS 对象所有子对象的描述性元数据。

(2) 管理性元数据——提供关于文件被创造和存储的信息,关于知识产权权利,关于数字对象来源的元数据,以及关于组成数字图书馆对象的文件起源的信息。

(3) 文件组——列出组成数字对象的所有的电子版本的所有文件。文件组元素可以嵌套,用以提供数字对象的版本

---

① Metadata Encoding and Transmission Standard（METS）Official Web Site.［EB/OL］［2012 - 7 - 19］http://www.loc.gov/standards/mets.

② METS Schema & Documentation,［EB/OL］［2012 - 7 - 19］http://www.loc.gov/standards/mets/mets-schemadocs.html.

细分文件。

（4）结构图——是一个文件的核心。它为数字图书馆的数字对象勾画出有关数字对象的层次结构，并且将该结构的各元素连接到与之相应的文件和元数据上。

METS 为数字对象提供了一种灵活的描述性、管理性和结构性的元数据编码机制，并且能表示各种各样的元数据之间复杂的链接关系。因此，它能为数字对象保存库之间的交换提供一个有用的标准，为数字对象的长期保存提供一个可资利用的工具。

1.4　互操作技术

互操作技术是机构知识库实现开放存取的关键技术，主要包括基于 OAI-PMH 的开放元数据互操作技术、OpenURL 和句柄系统（handle system）等标准规范和技术。

1.4.1　OAI-PMH 协议

数字对象的管理与长期保存在实施进程中，采用了不同的技术、协议和元数据，这些差异阻碍了用户通过统一的界面检索不同仓储的信息，因此互操作技术成为数字对象的管理中的一项关键性技术。目前国际上通用的几种互操作协议（例：Z39.50、SDLIP、OAI-PMH、STARTS）中，OAI 以其简单性、开放性和可操作性著称。

OAI（open archive initiative，开放文档倡议）是一个讨论和解决数字图书馆之间互操作问题的论坛，这个论坛旨在促进网络信息资源的开发、发布与共享,为实现数字图书馆之间的互操作提供简单、有效的机制。在 OAI 的一次会议上讨论的元数据获取或元数据收割(metadata harvesting)的方法,后来逐渐演变成 OAI-PMH(有时也写成 OAI-MHP)。从 2000 年 9 月到现在,OAI-PMH 不断发布新版本,2002 年 6 月,发布 OAI-PMH2.0 版(标准版),一直沿用至今,由于广泛的应用推动已经成为事实上的标准①。

OAI-PMH 提供了一个基于元数据收获的与应用无关的互操作框架,如图 1-3 所示:

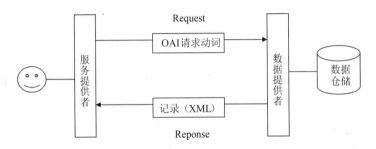

图 1-3 OAI-PMH 元数据互操作框架

在 OAI-PMH 框架中有两个级别的参与者:数据提供者(service provider,SP)和服务提供者(data provider,DP)。数据提供者通过 OAI-PMH 协议发布元数据;服务提供者利用 OAI-PMH 协议获取元数据提供增值服务。数据提供者与服务提供者之间通过 OAI-PMH 协议进行通信,而 OAI-PMH 协议中规定数据传输是基于 HTTP 协议,请求嵌入在

---

① OPEN ARCHIVES, *The open archives initiative protocol for metadata harvesting*,[EB/OL][2012-7-21] http://www.openarchives.org/OAI/openarchivesprotocol.html.

HTTP 中,响应通过 XML 字符流传给服务提供者。正是采用 HTTP 这种高层协议和 XML 标记语言相结合的 OAI-PMH,为实现分布异构的信息资源的互操作和对用户的透明性提供了可行性,同时为 OAI-PMH 协议在 Web 环境上的广泛应用奠定了基础。

数据提供者主要负责存储和管理数字资源,并对这些资源的元数据进行发布,发布的接口遵循 OAI-PMH 协议,发布的元数据格式可以多样化,如 DC、MARC 等,以此构成资源发布系统。数据提供者要为服务提供者或最终用户提供数字对象资源,而数字对象来源于对数字资料的揭示与描述,因此数字资料的选择和界定是数据提供者功能实现的前提和基础。对数据提供者而言,由于数字资料的数量一般都很庞大,为此可将数字资料按主题内容分为不同的资源集合,每个资源集合按此方法进一步分为子资源集合。

服务提供者通过元数据收割器(metadata harvester)从数据提供者和其他服务提供者处搜寻元数据,为用户提供集成信息检索服务。服务提供者主要包括元数据收获、元数据资源整合、元数据检索这三大部分。元数据收获按照 OAI-PMH 协议可以收获特定格式的元数据,可为 DC 格式或其他格式。元数据整合对收获的元数据进行资源的分类,资源有效性判断等方面的整合,以此作为服务的基础。元数据检索提供包括特定主题资源的检索或特定来源的检索服务。

1.4.2　OAI-ORE 协议

近年来,大量的机构社团建立了数字仓储,主要将其作为存储和分享数字对象资源的方法。观念上的差别导致机构社团在数字仓储系统的设计和实现上缺乏交互性。在这种数字仓储建设各自为政的状态下，以异构数字仓储为核心的数字资源环境的互联以及在数字仓储中的数字对象重用都难以实现。OAI-PMH 协议已经实现了机构知识库间元数据的互操作，但是对机构知识库间数字对象的互操作却无能为力。

为解决上述问题，一些项目对此进行了有益的探索，并获得了实现异构仓储互操作的一些宝贵经验。受这些项目的启发和影响，以及对网络复合对象描述和重用的迫切需求，OAI 于 2006 年 10 月开始了为期两年的 OAI-ORE(open archives initiative object reuse and exchange)规范制定工作。2007 年 10 月 10 日，OAI 发布了 OAI-ORE 规范的 Alpha 版本。该版本规范对 ORE 数据模型、资源图的 Atom 实现机制、规范中的词汇语义定义以及 ORE 复合数字对象的发现机制等问题进行了阐述，并指出该规范中一些仍然具有争议的问题，希望能在更大的范围得到充分讨论。2008 年 10 月，OAI-ORE1.0 正式发布[①]。

OAI-ORE 的核心目标是开发标准的、可互操作的、机器可读的机制来表达网上的复合对象信息，它将会使网络客户端和网络应用重建复合对象的逻辑边界、复合对象内部组件之间的关系和网络信息空间中复合对象与其他资源之间的关系成为可能。尽管 OAI-ORE 倾向于描述网络上一般复合对象的表达和重用问题，但它所提出的 ORE 抽象数字对象模型、资源图、资源图的序列化、资源图的发现和获取等概念对

---

① *Open Archives Initiative Object Reuse and Exchange*，[EB/OL][2012-8-20] http://www.openarchives.org/ore/.

于解决异构分布式数字仓储之间的互操作问题具有非常重要的意义。

1.4.3　OpenURL 协议

OpenURL 框架最初是 1999 年在研制 SFX 系统时提出的。2001 年美国国家信息标准组织（NISO）成立专责委员会，制定关于 OpenURL 的美国国家标准（ANS）Z39.88 - 200X。2005 年 4 月 OpenURL NISO Z39.88 - 2004 情景敏感服务开放链接框架被 NISO 成员核准。OpenURL 是一种开放的信息资源与查询服务之间的通信协议标准，是开放的、上下文相关的链接框架，它提供了一种在信息服务者之间传递对象元数据的格式，可以使用 OpenURL 来传递上下文敏感的分发请求。OpenURL 的基本语法为 OpenURL：=BASEURL"?" QUERY。BASEURL 是链接服务器的 Web 地址，QUERY 则包含了用于描述目标或者链接源和标志符的元数据，由若干个"属性—值"对组成，中间用符号"&"分隔①。

目前基于 OpenURL 框架的参考链接系统产品多达几十种，其中较成熟、应用较广的系统有 SFX、WebBridge、LinkFinderPlus 等。

OpenURL 与传统链接的区别主要在以下三个方面：

（1）上下文相关性。传统的链接目标是预先定义好的、静态的、直接指向目标，因此是上下无关的；而 OpenURL 链接是一个挂接点，将当前的上下文环境提交给链接服务器，由

---

① 龚立群、孙洁丽：《OAI、SRW/U 及 OpenURL 的比较及协同使用研究》，《情报科学》，2007 年第 7 期，第 1073 - 1079 页。

链接服务器动态计算出目标链接与使用者的需求是相关的，因此是上下文相关的。

（2）灵活性。传统链接描述的是具体目标，往往是一对一，其结果受链接源限制，不能实现一次性对多个数据源的统一检索；在 OpenURL 方式中，通过链接服务器可将服务类型进行扩展，可实现一次性对多个数据源的统一检索。

（3）可维护性。传统链接方式中，一旦目标发生变化，每个链接点都要进行更新维护，若维护人员未能及时更新，往往造成许多失效链接，因此传统的链接方式维护工作量比较大；OpenURL 方式中由于链接服务器是根据元数据动态产生目标链接的，只要目标的基本 URL 不发生改变，内部数据的变动不会影响链接的准确性，因此，大大减少了维护的工作量。

2 国内外机构知识库的发展现状与分析

分析国内外机构知识库的建设现状;介绍构建机构知识库的软件情况;总结机构知识库建设面临的问题。

2.1 国内外机构知识库建设现状

2002 年 11 月,正值开放存取的理念日益深入人心之时,Dspace 1.0 系统应运而生。Dspace 1.0 系统的问世徐徐拉开了世界范围内大规模建设机构知识库的序幕。此后,各类机构知识库系统和由这些系统架构的机构知识库如雨后春笋般出现。截至 2014 年 12 月 12 日,OpenDOAR(the directory of open access repositories,开放存取知识库名录)共收录机构知识库 2729 个[①],ROAR(registry of open access repositories,开放存取知识库注册)

---

① *Search or Browse for Repositories*. [EB/OL] [2014 - 12 - 12] http://www.opendoar.org/find.php.

共收录机构知识库 2390 个①。由此可见,在当今的学术环境
中,机构知识库早已占有一席之地,正发挥着日益重要的作用。
我国机构知识库相关软件和知识库建设起步较晚,总体来看,与
国外发达国家机构知识库建设相比,我国机构知识库数量少、规
模小,还存在一定差距。我们应当发挥后发优势,迎头赶上。

2.1.1　国外机构知识库建设现状

2.1.1.1　国外机构知识库数量及资源数量

机构知识库的建设在世界范围内已经较为普遍,截至
2014 年 12 月 12 日,OpenDOAR 收录的机构知识库分布在
98 个国家和地区,详情见表 2 - 1:

表 2 - 1　OpenDOAR 收录前 10 位国家和地区
的机构知识库数量及记录情况

排名	国　　名	IR 数量	年总记录数
1	美国	455	5 761 999
2	英国	228	1 450 118
3	德国	170	888 873
4	日本	145	429 532
5	西班牙	115	351 296
6	法国	89	2 165 199
7	巴西	84	252 559
8	意大利	74	700 038
9	加拿大	64	189 682
10	中国台湾	58	517 553

---

①　*Registry of Open Access Repositories*,[EB/OL][2014 - 12 - 12] http://roar.eprints.org/.

从表 2－1 可见，目前国外拥有机构知识库数量最多的是美国，其次为英国、德国和日本。这四个国家机构知识库建设起步较早，发展较完善，机构知识库建设水平居世界前列。从机构知识库中资源记录的数目来看，美国、澳大利亚、德国和日本的机构知识库中资源最为丰富，体现出它们对机构知识库内容建设的重视，机构知识库建设不仅有量的保证，也有质的保证。另外，表中所列的机构知识库数量居前 10 位的国家，基本上都是科技和经济较为发达的国家，其机构知识库总数量达 1424 个，占世界机构知识库总量的 50％以上，而其他国家建设的机构知识库数量相对较少，各国的发展情况也很不平衡。同期，我国台湾地区 IR 数量为 58 个，记录数 517 553 个，均名列前茅。大陆和香港地区 IR 数量为 41 个，记录数 84 905 个。

2.1.1.2　国外机构知识库资源类型

机构知识库是学术机构的数字馆藏，通常一个机构知识库拥有多种类型的资源，根据 OpenDOAR 曾经对国外机构知识库所收集的资源类型做了以下统计[①]，见表 2－2。

从表 2－2 可见，国外机构知识库资源类型有 12 种之多，不仅包括已出版的资源，还包括一些未出版资源。在机构知识库资源类型统计中，排名前 3 位的分别为期刊论文、学位论文、未出版的报告和工作文件。可见，国外机构知识库以论文为主要收集对象，并以机构的工作报告和文件为辅助。

---

① *Search or Browse for Repositories*，［EB/OL］［2012－8－20］http://www.opendoar.org/find.php.

表 2‑2　机构知识库收录资源类型情况表

资　源　类　型	收录该资源类型的机构知识库数量
期刊论文	1325
学位论文	1059
未出版的报告和工作文件	765
会议和工作文件	692
图书和章节	674
多媒体和视听资料	469
其他特殊项目类型的资料	322
参考书目	324
学习资料	310
数据库	79
专利	39
软件	32

2.1.2　中国机构知识库建设现状

2.1.2.1　大陆和香港、台湾地区建设情况

截至 2014 年 12 月 12 日，OpenDOAR 记录的中国内地和香港地区的机构知识库数量为 41 个，明显少于同期 ROAR 中记录的机构知识库数量。ROAR 收录的机构知识库中，中国内地 89 个，香港地区 8 个，台湾地区 79 个①。从总体上看，

---

① *Registry of Open Access Repositories*，［EB/OL］［2014 ‑ 12 ‑ 16］http://roar.eprints.org/view/geoname/.

除台湾地区以外,中国大陆地区机构知识库建设还处于起步阶段,数量少、规模小、发展缓慢,与国外机构知识库建设现状相比,还存在很大差距。下面列举的 15 个主要机构知识库基本反映了当前中国机构知识库建设的现状(见表 2-3)。

表 2-3　中国主要机构知识库运行情况表

名　　称	创建软件	记录数量
香港大学学术中心	Dspace	49 191
香港科技大学科研成果全文仓储	Dspace	6363
香港城市大学机构知识库	Dspace	2493
"国立成功大学"机构典藏	Dspace	48 364
政大机构典藏	Dspace	37 824
"国立交通大学"机构典藏	Dspace	31 881
"国立清华大学"机构典藏	Dspace	26 271
逢甲大学校园典藏知识库	Dspace	11 671
真理大学机构典藏	Dspace	2483
中正大学机构典藏	Dspace	50
中国科学院国家科学图书馆机构知识库	Dspace	3529
厦门大学学术典藏库	Dspace	15 107
中国奇迹文库	其他	3685
图书馆情报学开放文库	Dspace	26
浙江大学机构知识库	Dspace	未知
中国西部环境与生态科学数据中心(SeekSpace)	Dspace	未知

从表 2-3 可见,当前中国的机构知识库主要位于港台地区。香港和台湾的著名大学大都有自己的机构知识库。相比之下,中国大陆机构知识库数量极少,不仅只有少数的大学和科研机构建立了机构知识库,而且各机构知识库的资源数量普遍很少,资源更为匮乏,有的还链接不上。

目前建设得比较好的中国大陆地区机构知识库主要有:厦门大学学术典藏库①,建库时间为 2006 年,记录总数目前超过 15 000 千条;中国科学院国家科学图书馆机构知识库②,建库时间为 2009 年,记录数目前超过 3500 条,且提供了许多 DSpace 系统没有提供的增值服务;中国西部环境与生态科学数据中心(SeekSpace)③,建库时间为 2007 年,汇总了中国西部环境与生态科学重大研究计划产出的科学论文、专著和报告。

2.1.2.2　军队开放存取和机构知识库建设情况

在互联网上,曹艳通过 Google 搜索引擎查找了全军五所综合性大学、南方医科大学(原第一军医大学)、第二军医大学、第三军医大学和第四军医大学的相关信息,从是否有大学主页、图书馆主页(或购买的商业数据库访问链接)、揭示开放获取资源等三方面进行了调查④。结果显示,全军五所综合

---

① 厦门大学学术典藏库,[EB/OL][2012-8-22] http://dspace.xmu.edu.cn/dspace/.

② 中国科学院国家科学图书馆机构知识库,[EB/OL][2012-8-22] http://ir.las.ac.cn/.

③ 中国西部环境与生态科学数据中心,[EB/OL][2012-8-22] http://seekspace.resip.ac.cn/.

④ 曹艳:《军队院校图书馆参与开放获取现状》,《图书情报工作》,2010 年增刊第 1 期。

性大学中,只有国防科技大学有开放获取资源的介绍和链接,其他四所中,有两所只有大学主页无图书馆主页,另外两所大学则既无图书馆主页也没有大学主页。在国防大学主页上"信息资源"栏目中提供了"中国精品课程导航""麻省理工开放网络课程"、"211"工程重点学科信息资源网精品课程资源共享系统(已链接不上)和中国高等教育文献保障系统的链接,并且专门有页面介绍"麻省理工开放网络课程",用户可通过链接免费获取相关文献资源。而四所军医大学不仅大学有主页,而且还有图书馆主页的链接。其中,第二、第三、第四军医大学开通了中国教育科研网专线,而且这三所大学的图书馆采用了深圳大学等研制的自动化管理软件,其图书馆局域网以防火墙方式挂接于校园网并通过教育科研网与国际互联网联通,这些与地方院校相同。

针对军队院校涉密课题多、保密要求高的特点,其知识产出中很多文献资源属内部资料,不具有公开性。因此,让军队院校图书馆成为开放获取期刊的机构会员,在互联网上构建军队院校机构知识库都不太可行。构建军队院校机构知识库,比较可行的还是以军队内部网为基础。

全军军事训练信息网(简称军训网),及运行在军训网上的全军政工网,从网络环境方面为军队院校与校内外其他各类信息机构的联合提供了技术保障。目前,各院校之间网络互通,通过主页上的导航,可访问其他院校校园网上的部分数字资源,主要是总部主管部门组织全军院校建设的军事训练信息资源数据库及部分原生文献。在机构知识库建设方面,近几年各院校通过搜集、整理、数字加工,建立了一批原生文献资源库,图书馆初步具备原生文献资源采集整理、分类馆藏和信息服务的能力,但由于各院校自行建设,总部没有统一的规划,因此,目前各院校之间还很难实现资源共享。

本书就是基于全军政工网构建军队政治工作学科知识库的一次尝试。

2.1.3 国内外机构知识库建设比较

2.1.3.1 资源数量比较

机构知识库资源的数量通常作为衡量一个机构知识库成功与否的重要标准。机构知识库内容越丰富,就越能吸引研究者依赖其来获取信息,并将其研究成果保存在机构知识库中,这样的机构知识库的影响就会越来越大,从而吸引更多学者的注意。国外如美国、英国的机构知识库总量达数百个,资源总量几乎都超过了90万条,尤其是美国,其资源总量超过500万条(表2-1)。而我国科研机构和高等院校数量庞大,除台湾和香港地区外,机构知识库却仅有十几个,且资源内容普遍十分匮乏。

2.1.3.2 资源类型比较

国外机构知识库资源类型有12种之多(表2-2),且涵盖的学科领域非常广,而我国机构知识库资源类型仅以已发表的研究论文为主,工作报告、科研数据、课件和多媒体类的内容很少,资源类型有待多元化,而且涵盖的学科也仅限于本机构所设学科或其中少部分学科。

2.1.3.3 建设模式比较

联合建设机构知识库既有益于避免技术设施重复投入,实现规模经济效益,同时又可以使机构知识库被更广泛地认可。目前国外已经出现了联合建设机构知识库的模式,比较著名的 eScholarship 机构知识库由美国加州数字图书馆与加州大学共同创建,收集了 10 个加州大学校区及附属研究机构的电子文档。还有 Dspace 联盟工程,由剑桥大学、哥伦比亚大学等 8 所著名学府直接参与。而对比国外,我国的机构知识库几乎都是由单独的学术机构建设和管理,势单力薄。目前,清华大学[①]和中科院[②]都在进行联合机构知识库的探索,但仍未出现联盟的机构知识库。

综上所述,建设具备影响力、高使用价值的机构数据库,需要丰富的多元化的数字资源。为此,构建机构知识库应当充分体现其开放性。一方面,全体机构成员能够在开放友好的平台下提交资源,共同参与机构数据库的资源建设;另一方面,机构内外的用户可以通过机构数据库的开放平台方便地查找并使用所需的资源,这样不仅能够提高机构数据库的影响力,而且能够吸引更多的机构用户参与到机构数据库的资源建设中。

2.2 构建机构知识库的软件介绍

机构知识库提出以后,受到了学术领域的广泛关注,美国和英、法、德等欧洲国家都投入巨资进行机构知识库研究,目前全世界已有数百个大学、研究机构和学术团体建立了自己

---

① 邹荣、曾婷、姜爱蓉、郭晶:《基于 DSpace 构建联合网站的研究与实践》,《现代图书情报技术》,2009 年第 5 期,第 67 - 71 页。

② 王丽、孙坦、张冬荣:《中国科学院联合机构知识库的建设与推广》,《图书馆建设》,2010 年第 4 期,第 10 - 13 页。

的机构知识库系统。许多商业公司如 HP、Innovative 等也提出了自己的解决方案。

2.2.1　机构知识库系统软件分类

目前,机构知识库解决方案主要可以分为四类:一是专用系统,这类系统是机构知识库研究项目的成果,如 eScholarship、JISCIE、Knowledge Bank 等;二是开放源码和免费的系统,如 Dspace、Fedora、Archimede、CDSware 等;三是商业系统,如 Documentum、Bepress、DigitalCommons、CONTENTdm、DRM、Open Repository 等;四是混合型的系统,如 VTLS 公司的 Vital 等。

为了便于机构知识库建设者选择解决方案,美国开放社会研究所(Open Society Institute, OSI)近年来定期发布了 IR 软件指南,在其发布的指南第三版中,列出了 Archimede、ARNO、CDSware、DSpace、Eprints、Fedora、i2Tor、MyCoRe 和 OPUS 共 9 个 IR,并从基本情况、技术细节、仓储和系统管理、内容管理、用户接口和查询功能、存档、系统维护等 7 个方面对这些系统进行了详细的对比研究。截至 2011年 8 月 15 日,ROAR 对当前世界范围内机构知识库软件的应用情况进行了统计,显示了机构知识库软件的应用情况。

从表 2-4 可见,当前国外机构知识库应用最广泛的开放源代码软件是 Dspace 和 Eprints,使用率总和超过使用量一半。机构知识库建设软件有全面发展的态势,地区开发的机构知识库软件在本地区得到广泛应用,如德国斯图加特大学图书馆和计算机中心开发的 OPUS。

表 2 - 4　国外机构知识库软件平台使用情况

软件名称	OpenDOAR 统计数量	ROAR 统计数量
DSpace	766	914
Eprints	320	408
OPUS	55	40
ETD-db	19	30
Fedora	17	29
Diva	28	25
BePress	/	121
Digital Commons	85	/
Other Software	390	450

2.2.2　机构知识库主要开源软件

在排名靠前的机构知识库软件中,开源软件主要有 3 个,即 Eprints、Dspace 和 Fedora。

2.2.2.1　DSpace

DSpace 开源软件是由美国麻省理工大学(MIT Libraries)和惠普公司(Hewlett-Packard Labs)合作,经过两年多的努力开发的数字资源管理系统,于 2002 年 12 月发布其第一个版本。之后 DSpace 的版本随着功能增加,不断更新,先后发布了十几个版本,至 2014 年 12 月的最新版本为 DSpace4.2[①]。DSpace 系统以内容管理发布为设计目的,遵循

---

① latest release-www. dspace. org,[EB/OL][2014 - 12 - 16] http://www.dspace.org.

BSD 协议,可以收集、存储、索引、保存和重新发布任何数字格式、层次结构的数据,主要通过在线检索和浏览系统来发布数字资源,并可以实现数字资源的长期保存。

DSpace 系统中的数据描述默认采用 DC(Dublin Core)元数据,系统支持 OAI-PMH2.0 协议,为存储其中的数据进行存储、交换、收割提供了一个数据标准和平台。DSpace 系统在数据摄入与导出、工作流管理、数据组织、用户和数字对象管理等方面都具有强大的功能。在 DSpace 的实际应用过程中,也存在着不足。如系统在本地化过程中,需要进行语言的本地化,界面、功能等方面根据机构的实际情况,也需要进行一定的设置。

2.2.2.2 Eprints

Eprints 是一个由英国南安普敦大学(University of Southampton)开发的开放源代码的自我典藏,初推出 Eprints1.0 版,目前已发展到 Eprints3.3.12 版①。该系统最早由 CongPrints 赞助开发,从 2.3 版开始由英国联合信息委员会与英金会共同扶持开发,已成为开放引用计划(open citation project)出图书馆计划(DLI2 international digital libraries project)的一采用 Perl 程序语言编写,可运行于 Apache 网络服务器和 MySQLOAI-PHM2.0 协议,该软件可支持 PostScript、PDF、ASCII、HTML 等。目前已有 160 个学术仓储使用该系统,收录的数据多达 82 724 条。

EPrints 是建立开放获取知识库的开源软件,于 2000 年

---

① EPrints-Digital Repository Software,[EB/OL][2014 - 12 - 16] http://www.eprints.org/.

开发完成,2013 年 7 月发布 EPrints3.3.12 的版本,是目前
EPrints 的最新版本。EPrints 具有较大的灵活性,各使用机
构可根据实际需求进行改进。能够适应存储开放存取文献、
科学数据、学位论文、报告和多媒体的知识库的需求。
EPrints 采用 Perl 程序语言编写,可运行于 Apache 网络服务
器和 MySQL 数据库,遵循 OAI-PHM2.0 协议。EPrints 包含
了多种用户友好特征和功能,如安装过程自动化,提供的文章
可以用一种或多种文档格式存储,可兼容多种元数据模式,可
基于网络界面提交文章,可通过网络或电子邮件订阅,有在线
管理评论和赞成的选项,自动检查数据完整性,有基于网络的
系统维护等。EPrints 现在正在提供面向机构仓储的所有需
求的解决方案,包括免费的和付费的,由南安普顿大学的专家
团队进行研究开发。

2.2.2.3　Fedora

Fedora(flexible extensible digital object and repository
architecture)系统始于 1997 年,是由 Andrew W. Mellon 基金
会资助,由弗吉尼亚大学(Virginia)和康奈尔大学(Cornell)联
合开发,遵循 Mozilla 协议许可,采用 CORBA 和 Java 技术实
现的开源系统。它实现了数字对象框架,是一个通用的数字
对象管理系统。使用 Fedora 可以对数字馆藏进行各种处理,
还可以使数字资产得以长期保存。2001 年发布了 1.0 版,目
前最新版本是 4.0.0 版①。

　　Fedora 定义了一系列用来表示数字对象的概念,确定了

---

① Home-Fedora Repository, 〔EB/OL〕〔2014 - 12 - 16〕http//fedorarepository.org/

数字对象之间的关系,以及对数字对象的连接"行为"(即服务)。Fedora 仓储项目用一个强大的开源软件系统实现了这些 Fedora 概念。Fedora 提供了一个核心的仓储服务(表现为一组的基于网络的服务,这些服务拥有良好定义的 API)。此外,Fedora 提供了一系列支持性服务和应用,包括搜索、OAI-PMH、信息传递、管理客户端等。Fedora 通过提供支持数字化保存的功能,有助于确保数字内容的持久性。

2.3　机构知识库发展面临的问题

随着社会信息化、网络化的不断进步,机构知识库在理论上和实践上都不断地向前发展,总结国内外机构知识库发展的现状,可以看出,现阶段需要着力解决的问题包括以下几个方面。

2.3.1　建立机构知识库联盟

从目前情况来看,由于人力、物力、财力等因素的制约,并非所有的学术机构都愿意建立独立的机构知识库系统,因而建立分布式的机构知识库联盟是未来发展需要解决的问题。另外,由于科学技术的不断进步,使得科学交流和技术合作的范围不断扩大。在信息时代,科研工作者的整个职业生涯往往服务于不同的学术机构。这种情况下,建立机构知识库联盟能够促进跨机构的学术合作,较完整地反映科研人员的研究成果及机构的学术资源。

2.3.2　机构知识库范围扩展

机构知识库范围的扩展问题主要体现在两个方面。一方面,机构知识库需要在一定程度上扩展其存储资源的服务范围,不仅仅为科研人员,也为社会公众提供信息服务。当今社会,学术团体的影响力和作用已不仅仅局限于高等教育和科学领域,它正逐步向社会的各个层面渗透;另一方面,公共图书馆、地方博物馆、各种学会、档案馆等文献机构可以独立或通过联合的方式建立社区资源库,保存数字化资源,并为公众提供资料检索、获取等服务。

2.3.3　机构、出版商和 OAI 服务商之间的广泛合作

目前,已经出现了机构知识库与搜索引擎服务商之间的合作,机构知识库向搜索引擎开放其元数据,使搜索引擎能查询到机构知识库中的资源。例如,在 Yahoo 中可以检索 OAIster 中的元数据,在 Google 中可以查询 Dspace 中的元数据。随着机构知识库的逐步普及,还将出现更广泛的合作,如机构、出版商、OAI 服务商等之间的合作和互操作,以及与作者实现互动等。

作者将自己的学术论文投稿给出版商,同时将论文提交给所在的机构知识库。出版商向作者所属机构提供论文元数据,并给作者发送包含有论文全文链接的 E-mail。机构知识库中可以检索到相关资源的元数据,并通过全文链接到出版商的期刊网站。OAI 服务商可以通过其采集和聚合器获取的元数据,实现资源共享。

2.3.4 机构知识库与其他系统和环境的无缝连接

随着机构知识库的应用和推广,机构知识库与机构内部以及机构外部资源和环境之间的集成和无缝连接也越来越受到关注和重视。在建设机构知识库之前,机构通常已经建成了一些数字资源库,因此要考虑机构知识库与现有系统以及资源库之间的融合。

在与外部系统和环境的集成方面,利用标准协议来实现机构知识库资源的开放服务,如 Dspace 支持 SFX 的 OpenURL 协议,利用 DC 元数据自动在每个数据项(Item)页面显示一个 OpenURL 链接。

另外,利用 Web Services 技术来实现服务层次上的资源共享与互操作,也是近年来机构知识库的一个重要发展趋势。Web Services 具有完好的封装性、松散耦合、高度可集成性等优点,为实现机构知识库与其他系统的集成提供了新的平台,如 Fedora 框架可以通过 SOAP 来实现 Web Services 服务的互操作。

3 开放平台的功能需求和设计

分析军队政治工作原生数字资源开放平台的功能需求。开放平台的核心功能在于能够提供政治工作数字资源的管理、存储与开放获取。在此基础上,构建资源管理、开放获取、互操作和个性化服务功能模型。介绍基于 DSpace 系统的开放平台的总体设计。

3.1 开放平台的功能需求分析

3.1.1 政治工作信息资源的管理功能

开放平台的各种信息服务功能首先是建立在其丰富的政治工作学术资源基础上的,因此合理的资源管理机制是开放平台的基础功能部件,该机制主要包括资源收集、资源整合、长期保存、检索利用四方面的功能①。

---

① 朱丽雪:《基于 Dspace 的机构知识库构建》,天津:天津师范大学出版社,2010 年。

3.1.1.1 资源收集

目前主流的机构知识库软件资源收集功能主要有分布式、半分布式和集中式三种模式实现。分布式模式是指由资源提供者对资源进行自存档(self-archiving)。资源提供者可从任意联网计算机将作品提交并存储在开放平台中。这种模式应该做到提交流程简单易操作,上传文件速度快,并且支持自动提取元数据以及支持多种格式,这样才能提高科研人员自存储其作品的积极性,否则他们不愿意浪费时间操作繁琐的步骤提交资源。半分布式是一种辅助式存储模式,是指由机构内的各个部门分别负责协助本部门的资源提供者提交并管理其研究成果。资源提供者只需要将资源提交给本单位负责人,单位负责人统一集中录入资源元数据并提交资源。这种模式既为资源提供者节省了时间,同时又降低了分布式模式的资源质量控制难度。集中式模式则是指由开放平台指定的人或组织负责资源的上传。资源提供者将资源提交给开放平台指定的人或组织,然后统一进行批量录入和上传。这种模式采取专人负责,虽然大大提高了资源的质量,但也存在诸多缺点,如资源提供者不方便对资源进行修改,资源更新速度慢①。

DSpace 系统就是采用分布式和半分布式的收集模式。它的分布式提交方式为用户提供一个 Web 资源提交界面,由选定数字馆藏(即专题)开始,再由提交者填写相对应的元数据,以及选定要存储的文件将资料上传至系统当中,等待资源经过审核批准后,合格的资源便被归档,存入相对应的知识库

① 张耀坤:《机构库内容建设初探》,《图书馆学研究》,2006 年第 9 期。

中,供世界范围内的用户检索和利用。DSpace 系统的半分布方式则是通过其提供的程序,由机构各部门的负责人在系统服务器端将资料以批量的方式上传,并对上传的资料进行统一审核以确保资料的质量,若是资料在审核中遭到否决,系统将会以 E-mail 的方式通知上传者。反之,若是被核准了,资料将被正式地收藏到馆藏库中①。

3.1.1.2　资源整合

资源整合是指信息资源的一种优化状态。开放平台应具有将各个军队政治工作学研究机构(院校)中分散的知识和信息资源进行有序组织和整合,使其结构化的功能,这样才能将机构的信息资源真正融入到其军队政治工作信息资源服务体系中,促使机构的学术成果以整体的姿态展现出来,体现机构的学术水平,提高机构的学术影响力。

首先,开放平台应基于分布的数字资源建立有机的组织体系。具体地说,按照其内容类型建立不同的专题数据库,例如学位论文库、研究报告库、教学大纲库、专家资源库等。在此基础上按照机构组织结构分层次进行组织,例如按教研室、院、部系统等部门,集中展现相应单位所产生的知识成果②。

其次,对其内容应具有导航功能。开放平台应为用户提供内容导航服务,使他们快速找到他们所需要的知识点,然后重新返回到相关的知识源。例如知识地图就是一种资源导航系统,它可以以一种可视化的方式向用户揭示知识库中存储

---

① 杨武健、王学勤:《DSpace 机构知识库系统的分析与研究》,《现代情报》,2006 年第 11 期。

② 唐兆琦:《基于 DSpace 的机构仓储应用研究》,上海:上海交通大学出版社,2008 年。

资源的关系,帮助用户知道在什么地方能够找到需要的资源,利用知识地图可以展示开放平台有哪些资源以及其方位①。一份完整的知识地图包括的内容十分丰富,它不仅能提供知识资源的存量、结构、存在方位以及查询路径等,还能清楚揭示机构内部或外部相关知识资源的类型、特征及知识之间的相互关系。

最后,还应支持统计功能。统计功能包括支持按照时间、部门、课题和个人等单条件或多条件组合进行内容统计和支持对所保存内容被不同范围用户从不同方式使用(例如浏览题录或摘要,下载全文)情况进行统计,并且统计结果可正式输出支持宣传和评价的需要。

3.1.1.3　长期保存

开放平台必须能够保证机构内数字资源的长期可获取性,保持其真实性、可靠性和完整性。长期保存是确保其内容的长期维护和持续可获取所必需的功能。

为便于长期保存数字信息并且方便用户提交作品,开放平台可利用文件批处理和格式转换的方法,将用户提交的一些不便于永久保存的文件格式统一转换成易于保存的文件格式,如微软的 word 格式转换成 pdf 格式或 html 格式,并采用永久文件识别系统,以便资源能被更好利用②。

DSpace 系统提供对数字资源长期保存功能,它可以保存各种数字化资源,包括期刊论文、数据集、学习资源、研究报

① 李亮:《知识地图——知识管理的有效工具》,《情报理论与实践》,2005年第3期。

② 黄凯文:《高校图书馆构建机构仓储初探》,《图书工作与研究》,2006年第2期。

告、工作文档等各种类型的资料，几乎可以存储所有格式的数字化文字、图像、音频和视频资源。它采用 CNRI(corporation for national research initiative)所发展的 handle system，透过此系统，提交到 DSpace 中的任何数字信息都会被赋予一个永久唯一的标识符(称为 handle)，以取代其原本和路径相关的 URL，这样就确保了用户不会因为将来资源的路径或名称的改变而存取不到资料①。

3.1.1.4　资源检索利用

检索是资源消费者搜寻满足自己需求的资源的主要方式。资源检索方式应既有简单检索同时又可以进行高级检索。简单检索可以按类型、标题、作者、摘要、关键词等进行检索。高级检索可以同时设置多种搜索条件，定义具体的搜索提问，还可以进行全文内容的检索。因为开放平台中的资源有期刊、论文、研究报告等多种类型的资源，因此它应包含多种功能强大的搜索浏览工具，方便用户发现其中的资源。对于检索结果，开放平台也应提供多种排列方式，可以帮助用户进行文献分析工作，如按作者提交量排列，可以看出谁在某领域发文较多，从而了解到某方面研究的核心科研人员是谁。如果搜索结果的排列方式还可以配以图表，可以给用户更直观的显示结果。

用户不只是检索知识库中的资源，浏览功能也是资源消费者在利用资源时使用的比较多的功能。开放平台可以将资源按照作者、学科、部门、提交时间、类型、最新提交等不同维

---

①　杨武健、王学勤：《DSpace 机构知识库系统的分析与研究》，《现代情报》，2006 年第 11 期。

度集成浏览。对用户所感兴趣的资源,还应利用各个维度提供关联浏览服务,使用户在浏览过程中获得更多相关信息。

3.1.2 政治工作信息资源的开放获取功能

根据 BOAI 对开放获取的定义,开放平台要支持对所有可共享的政治工作信息资源的收割、揭示、访问、传播以及免费利用[①]。

3.1.2.1 开放描述

开放平台要实现开放获取必须具备的首要功能就是支持开放描述。所谓开放描述是指通过开放语言和规范的方式来描述系统各个层次的内容,尤其是数字资源的内容及格式、组织体系和管理机制,并形成描述文件及其定义语言递交公共登记系统,第三方系统可以对这些描述文件进行搜索,按照开放语言格式规范进行解析,从而使第三方系统能识别、理解本系统的格式和规范,并在此基础上实施可操作性。

开放描述涉及的描述对象包括开放平台的底层资源类型、格式(文本、图像、音频、视频和多媒体文件)、数据对象(新的科研成果等)、信息对象集合(所有的研究成果的汇总和所有的相关网站的网页链接)、集合的知识管理机制(分类法、语义网络),以及这些集合包含对象的管理机制(使用控制、知识产权管理等)、服务过程、信息系统本身(信息系统构架、功能组合、运行控制和信息交换的方式)[②]。

---

① 朱丽雪:《基于 Dspace 的机构知识库构建》,天津:天津师范大学出版社,2010 年。

② 张晓林:《开放数字图书馆的设计和实现:CSDL 的实践》,《情报学报》,2003 年第 10 期。

DSpace 系统具备了开放描述的功能。它默认采用 DC (Dublin core)标准用来描述元数据,包含三种类型,即结构型元数据(structural metadata)、管理型元数据(administrative metadata)和描述型元数据(descriptive metadata)。结构型元数据包含了如何给用户显示条目或条目中的比特流的信息。例如资料和档案间的从属关系,以及不同档案间的先后关系等。系统使用此份资料来决定如何进行资料的显示以及顺序,此类元数据通常都存放在系统所使用的资料库中。管理型元数据包含了保存元数据、来源元数据和授权策略元数据。例如每一篇资料的上传日期、使用权限、档案大小等等。此类元数据大部分都保存在系统的关系数据库管理系统中,其中来源元数据储存在 DC 元数据核心集记录中,另外 DC 元数据核心集记录中还复制了一些其他的管理型元数据(如比特流字节大小)。描述型元数据主要用来描述社区、合集及条目记录信息①。

3.1.2.2　开放发布

开放平台的开放发布功能包含两方面内容。

一是研究者能够组织自己的学术作品、预印本、灰色文献及研究相关信息和报告,将这些学术资源发布在网络上,并通过一系列措施提高其显示度,扩大共享范围,支持用户访问、下载、评论。

二是支持机构信息、新闻的开放发布。建立电子公告牌、新闻组来发布机构内外最新研究项目和进展,以及机构的重

① 谢静、王军:《DsPace 数字仓储简介及其应用分析》,数字图书馆论坛,2007 年第 9 期。

要学术会议摘要等,及时为科研用户提供学术领域的最新动态,促进科研人员的学术研究与创新。

3.1.3 平台之间的互操作功能

互操作机制是实现开放平台与外部机构或系统之间实现政治工作信息资源共享与重用的重要途径。它既允许机构内的资源被外界搜索收获、揭示,也能实现开放平台收割、链接外界的开放获取资源。因此,开放平台应通过引入互操作机制来构建跨越异质的分布式开放获取资源的学术性价值链。

互操作机制应坚持标准化的技术设计,遵守 IR 平台互操作协议 OAI-PMH 和开放链接 OpenURL 框架。OAI-PMH 提供了基于数字资源元数据的互操作框架,应用于交互平台上数字化信息资源的检索和发布,达到有效的挖掘、传播和利用分布在不同机构和系统中的数字信息资源的目的。OAI-PMH 协议中的数据提供方以 XML 格式将数字资源的描述性元数据通过 Web 平台进行发布,数据采集方通过元数据采集器(harvester)对这些元数据进行收割并导入本地系统,从而实现元数据层面的互操作。OAI-PMH 可以使开放平台更容易被搜索到并被收割,它的发展意味着每个开放平台是分布的互操作的全球开放平台系统的一部分,这可以明显地增加学术作品的可见性和可获性。而 OpenURL 则是提供了一种开放链接的框架,在该框架中允许信息源公开自己的链接接口,实现链接信息源和链接服务器之间的信息的传输。

DSpace 就支持 OpenURL 协议,对于拥有 SFX 服务器的机构通过设置,系统将在每个条目页面上显示一个 OpenURL 链接,同时能够响应外来的 OpenURL 请求,这些都有利于机构内信息的被检索与利用。

另一方面,开放平台还应自动收割、链接其他系统的开放资源。如收割、链接开放获取期刊和其他开放知识库中存储的资源,收割商业性的元数据,收割商业性的电子期刊数据库中的元数据,实现开放平台与商业期刊的整合。允许付费期刊中的文章通过开放平台的开放获取功能被检索到。资源的收割可以增加系统之间的互交换,扩大资源的共享范围,增加机构的影响力。

国内外各种实用的 IR,包括 DSpace,几乎都遵循 OAI-PMH 协议,以 OAI 数据提供者的身份开放自己的资源,提供资源的收割服务。开放平台不仅需要实现与其他系统的资源揭示和链接服务,还应扩展到与机构内其他信息系统之间服务互操作,例如,在全军所有院校军队政治工作学研究机构、图书馆和科研管理部队之间建立互操作服务。

3.1.4　个性化服务功能

个性化信息服务的核心思想是以符合用户偏好、身份和满足用户特定需求的信息形式为其提供服务。个性化信息服务既是信息服务的重要发展趋势,也是用户满足用户个性化需求的有效途径。它是开放平台必不可少的功能机制,主要包含个性化收藏和个性化定制两方面功能。

3.1.4.1　个性化收藏

个性化收藏是让用户根据自己的兴趣、专业等情况对信息资源进行选择和组织,构建自己的"虚拟馆藏",满足个性化的信息需求。开放平台的用户主要是科研人员、教师、研究生,他们更多的是希望将他们常用资源及信息有序地组织在一起，以方便使用和查找。个性化收藏使得用户个人具有信息选择权与组织权，让用户可以方便地搜集、组织和维护开放平台中满足自己需求的资源，将个人所需要的资源组织在自己专门的"虚拟馆藏"中，以后用任意的电脑上网登录后就可以查阅收藏的资源了。开放平台作为机构信息服务的提供者，个性化收藏服务能够使用户与其常用的信息资源紧密地联系在一起，这将会大大提升用户满意度。

3.1.4.2 个性化定制

个性化定制是指信息服务提供者在用户或团体根据自身的需求预先订制的特殊信息或服务前提下，通过一定的技术标准或协议，按照用户指定的时间间隔或根据发生的事件把用户定制的信息或服务自动推送给用户。这种服务包括资源的定制、服务的定制、服务方式的定制、服务环境的定制、交流渠道的定制、个性化工具的定制和用户共同体的定制等。开放平台的个性化定制服务根据其资源和服务特点可分为个性化资源定制、个性化检索定制及个性化增值服务定制。

个性化资源定制通常是指用户预先选定知识门类、学科专业、信息内容、资源类型等需求方向，服务系统定时主动发送用户定制的资源。例如用户可定制特定领域的学术会议、新闻或专题的期刊、学位论文或某学科、部门的最新提交内容等等。在用户登录后，开放平台会将用户定制的内容或内容的链接直接推送至用户个人页面上，或通过电子邮件提醒用户。

个性化检索定制是通过在用户检索开放平台中资源的过程中，往往不同的人由于拥有的检索知识和专业领域不同，其检索操作和检索习惯也有所差异,例如初学者习惯于简单检索,专业人员则习惯于使用高级检索。此外,不同用户对检索结果的选取原则和排序方法也可能不同,例如有的人希望按相关度排序,有的则偏向于按论文的被引用的次数排序,如此种种都反映了用户的个性化需求。因此,开放平台在个性化定制服务功能中也应该包含对习惯性检索机制的推送。这主要包括检索工具定制,如定制常用的搜索引擎;检索式表示方式定制,即定制常用的检索式(如布尔逻辑检索式中的"与""或""非")等。

　　个性化增值服务定制是指除了定制满足个性化需求的资源和检索方式外,用户更加希望能够选择定制不同的增值服务,来直观深入地了解开放平台中作品的发展动态。增值服务主要包括引文跟踪和作品影响力统计。学者将学术成果存入开放平台后通常会十分关心自己的作品被其他论文引用的情况。开放平台应支持对最新作品定制引用文献、引用作者、引用领域、被引用位置等多种引用因子或因子组合的统计功能,通过这种功能,用户可以跟踪作品的被引情况,以此了解自己的观点有没有得到进一步的证实,或者在此基础上有没有进展和突破,并且通过了解作品被哪些领域的文献引用来明确个人的学术观点可以在哪些新领域得到应用,从而开拓学者的研究思路。在开放的信息环境下,衡量作品的影响力已不只局限于以前的论文被引次数,可以通过点击量、链接量、浏览量、下载量、引文量等多种计量因子来表示作品的影响力。作者对这些衡量作品影响力的计量因素需求不同,可根据个人需求选择定制。

3.2　基于 DSpace 的开放平台的总体设计

3.2.1　总体功能模块

通过对系统需求的分析和总结,结合开放存档信息系统模型(OAIS)模型,军队政治工作原生数字资源开放平台的整体功能模型如图 3-1 所示。

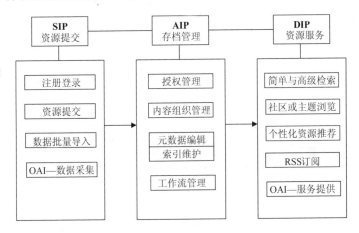

图 3-1　开放平台整体功能模型

根据 OAIS 的定义,信息包分为提交信息包(SIP)、存档信息包(AIP)和分发信息包(DIP)三种。分别对应开放平台总体设计模型中的采集与提交模块、存档与管理模块和服务与发布模块。各模块内部包含若干子功能模块,这些子模块之间彼此独立,便于系统修改与维护。

资源提交模块包含用户注册登录、资源提交、数据批量导入、OAI 数据采集等子模块,主要负责将提交或采集到的数据经过描述构建为提交信息包(SIP),并交与存档与管理模块。

存档管理模块包含授权管理、内容组织管理、元数据编辑和索引维护、工作流管理等子模块,主要负责将收到的提交信息包经过处理构建为存档信息包(AIP),该模块是系统的核心功能模块。

资源服务模块包含简单与高级检索、按社区或主题浏览、个性化资源推荐、RSS 订阅、OAI 服务提供等子模块,主要负责构建分发信息包(DIP),通过用户检索、浏览、推荐、订阅和OAI 服务等方式,将信息包分发给用户,完成信息流的传播。

3.2.2　基于 DSpace 的开放共享系统的功能结构

我们可以看到 DSpace 系统的开源性和对 OAI-PMH 协议的支持非常适合本系统的开发。因此,我们选择 DSpace 并在其基础上进行系统设计和开发。

3.2.2.1　DSpace 系统的基本架构

系统基于 DSpace 进行开发,设计为三层结构,每一层分别由不同的组件组成,各司其职;层与层之间,通过接口相连,如此层层相连,交互运作。其系统架构如图 3-2 所示。

1. 存储层(storage layer)

这是开放平台的最底层,负责元数据和数字条目的物理存储管理。使用关系数据库完成内容组织、元数据、电子用户、授权、工作流和检索索引的保存,并对数据进行读、写、删除操作。使用文件系统对数字比特流进行保存和辅助管理。该层各个组件的功能通过 Java 编写的存储 API 来调用实现。

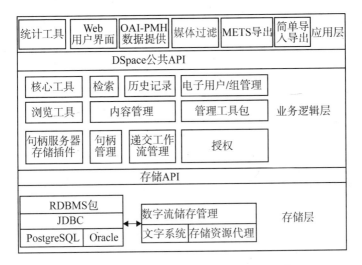

图 3-2 基于 DSpace 的开放平台的系统架构

2. 业务逻辑层(business logic layer)

这是开放平台的中间层,负责管理整个系统的业务逻辑,包括用户权限管理、认证、工作流管理、数字条目管理、标志符(handle)管理、浏览、检索等。该层由三个子系统组成:内容管理子系统、存取子系统和管理子系统。其中,内容管理子系统负责对数字对象的操作和完整性校验;存取子系统负责数字对象映射和数字对象分发;管理子系统负责安全管理、权限管理、日志管理和工作流管理等。

3. 应用层(application layer)

这是开放平台的最上层,由 Web 用户界面(UI)、OAI-PMH 元数据提供服务、批量导入导出、联邦服务等模块组成。WebUI 模块提供数字资源的提交以及对机构知识库的浏览和检索。OAI-PMH 元数据提供服务模块允许外界按 OAI-PMH 协议来获取知识库中的元数据。联邦服务用于将知识

库组织成可共享资源的联邦。该层的各个组件的功能通过
JAVA编写的 Servlet 和 Jsp 来调用实现。

3.2.2.2　开放共享平台的工作流程

系统的工作流程主要分为三个步骤:资源提交、存档管理
和资源服务。

系统整体工作流程(图3-3):用户通过 Web 界面登录
后,可以选择进入资源提交模块,通过元数据输入和上传文件
等操作进行资源提交;提交后的资源经由存档管理模块处理,
若上传资源通过审核,则被存放到数据库中,反之则发送反馈
信息给用户;用户可以通过资源服务模块浏览或检索存放在
系统数据库中的资源。

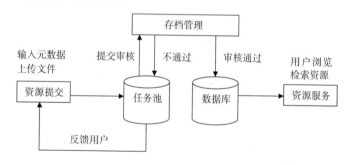

图 3-3　系统整体工作流程

对于系统工作流程的三个步骤,分别设计如下:

1. 资源提交模块的工作流程

在系统的资源提交模块,用户可以通过填写个人信息进
行注册,归属于某个院系或单位。用户登录系统后进入"我的
账户"工作区,可在提交界面按照提交资料说明、文件上传等
步骤完成资源的提交工作,也可以在工作区编辑本人上传的
资料内容。其工作流程如图3-4所示:

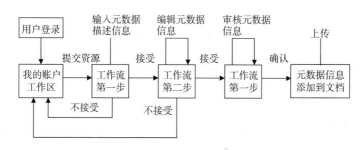

图 3-4 资源提交模块的工作流程

2. 存档管理模块的工作流程

在系统的存档管理模块,将对用户所提交数字资源的文件格式、元数据描述信息等进行审核,修改不符合规范的元数据描述方式。通过审核的数字资源将被存放到数据库中,并对外发布;不符合规范的资源将退回,用户可在自己的工作区查看退回的资源和对资源描述的修改要求。另外,该模块可以进行授权管理、内容组织管理、元数据编辑和工作流管理等操作。主要工作流程如图 3-5 所示。

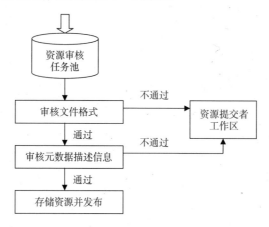

图 3-5 存档管理模块的主要工作流程

3. 资源服务模块的工作流程

在系统的资源服务模块,通过审核并存储的资源将通过分类浏览、检索、个性化推荐或订阅的方式提供给用户使用。用户可以选择按照院系、专题、发布日期、作者、题名、主题词等方式浏览资源,也可以通过普通检索或高级检索查找需要的资源信息。该模块的详细工作流程如图 3-6 所示。

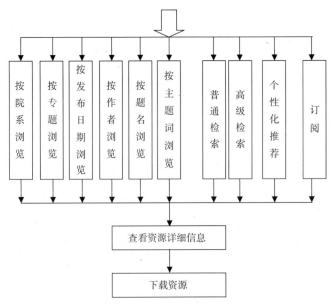

图 3-6　资源服务模块的工作流程

经过以上三个主要模块的工作流程,数据经过处理转变为可供系统发布、为用户提供服务的资源。

3.2.3　DSpace 系统的优势与不足

3.2.3.1　DSpace 系统对开放系统功能的支持

1. DSpace 对数据格式类型的支持

DSpace 支持对科学论文、预印本、研究手稿、研究报告、技术报告(文档)、会议论文或会议录、学位论文、专著、项目书、演示资料、机构网站、数字化期刊等多种知识产出或信息资源类型的描述、保存、组织和管理(因数据类型资料的收集与积累由相关合作项目完成,其中不涉及对数据资料的管理)。

DSpace 可以正确识别、可靠保存和呈现几乎所有格式的数字化文字、图像、音频和视频资源。

2. DSpace 对元数据格式的支持

DSpace 支持对元数据格式的定制和调整,支持 METS、MODS、DC 等元数据应用规范。

DSpace 提供基于 DC 元数据为核心管理性元数据、结构性元数据和描述性元数据等的支持,并支持附加的保存性的、知识产权性的元数据等的支持。

3. DSpace 对内容提交和采集过程的支持

DSpace 支持基于 Web 的自助提交(即由研究者自我提交)、代理提交(由信息专业人员或其他人员代为提交)方式。能够提供适应不同资料类型和格式的内容描述和编辑模板;支持相关的管理性元数据的自动生成;支持内容描述和加工过程中的流程和质量控制要求;提供批量导入数据的机制和方式;支持基于工作流的数据加工过程的管理;支持基于 OAI 协议进行外部数字知识库系统数据的选择性搜索、发现、获取和导入。

4. DSpace 对内容组织和服务的支持

DSpace 支持按照不同的"院、部、系、实验室、专题"的层级机构对相关内容进行组织,提供浏览和导航,支持简单检索、高级检索,以及全文检索,支持 E-mail Alert 及 RSS 服务等。

5. DSpace 对系统管理的支持

DSpace 支持数据的批量导入和导出,方便数据的迁移和交换,提供用户的认证和授权管理机制,提供应用服务访问统计等。

6. DSpace 系统开放接口的支持

提供对 OAI 数据提供者的支持,方便数据的开放共享,提供对 OAI 数据服务的支持,方便用户获取元数据。

3.2.3.2　DSpace 系统的不足

任何系统都有其长处和不足。DSpace 系统也不例外,根据对 DSpace 系统实际安装与测试,笔者认为 DSpace 系统存在以下不足①:

1. 关联与连接搜索

在一个机构知识库系统中,会有很多的文件存在着关联性。目前,解决这样问题的方式是在不同的衍生文件中描述彼此之间的关系。然而查询者在知道这样的关联后,仍必须重新下达第二次查询命令,以检索取得这份相关的文件。若是 DSpace 系统能提供 DC 元素目录栏位的直接链接功能,如 Source、Subject、Relation 关键位,将减少元数据目录与建立不同文件间关联的成本,也将有助于使用者清楚地找寻与识别相关文件。

2. 索引重建

DSpace 在元数据记录进入典藏后的索引重建也存在问

---

① 狄冬梅:《基于 DSpace 的机构知识库系统的研究与实现》,《内蒙古大学硕士论文》,2008 年。

题。在 DSpace 中,描述性元数据栏位的目录值可以在提交上传、编辑、进入典藏等不同工作流程的阶段中立即更新。当这些审核的程序结束而进入典藏后,查询栏目仍有更新的需求时,相对的索引重建工作也必须存在。因而,DSpace 提供系统管理者在每笔记录进入典藏后,通过管理者界面对元数据值做修改。然而,事后做的修改并不会被立即建立索引,而必须视管理者重建索引的批次行程安排而有所延迟。

3. 中文功能

除了作者姓名中文语法与英文迥异外,查询中文时也有问题。在 DSpace 中有些中文查询的功能并不是十分好用,例如无法将作者按姓名拼音排序。如果 DSpace 能在中文查询的功能上有所改善,提供符合中文习惯的检索和服务,将有助于使用者寻找与识别中文的资料与文件。

4. 资源发布复杂

DSpace 将每一次资源的收集发布看作是一个工作流。每个工作流可以包含提交、审核、元数据编辑和终审等步骤,每个步骤必须由拥有该步骤执行权限组中的用户才能执行。在完成终审前,未完成的发布任务被加入到相关的用户组的"任务池"中。该组中用户会收到通知,可以从"任务池"中取出该任务继续处理,直到发布完成。Dspace 中原有的资源发布功能虽然比较全面,但是过程比较复杂,提交任何一种资源,都要经过几个步骤的元数据描述,而且上传过程中必须要上传一个附件,否则提交过程不能正常结束。因此,有必要提供一种提交资源的快捷方式。

在军队政治工作原生数字资源开放平台的构建过程中,确定在基于 DSpace 提供基本功能的基础上进行主要的定制和扩展开发任务，包括 DSpace 的中文化、信息组织模型的映射、用户界面和功能的优化和定制、元数据编辑模板的定制、OAI 数据服务功能的扩展以及 OAI 接口的开放等等。

4 基于 DSpace 的开放平台基本功能的实现及定制

在总体设计的基础上,对开放平台进一步进行详细设计和基本功能实现。介绍系统数据模型及系统处理过程;系统对用户与对字对象的管理;系统浏览与检索功能;系统统计和订阅功能。给出工作流、管理策略和组织模型的定制方法。

4.1 DSpace 基本功能及实现

4.1.1 系统数据模型

4.1.1.1 DSpace 系统的数据组织

DSpace 系统的数据组织或者说数据存储的形式有别于一般的文献管理系统,其数据组织模型与高校的学院、系别、教研室、实验室等的组织结构大致相对应。其数据模型分别称为社区(community,也称为数字空间群)、合集(collection,对应于专题)、条目(item),其中条目为存储库中的基本存档单元,即指提交到 DSpace 系统的数据单元。条目之下还可分为数字包(bundle)和比特流(bitstream)。这些数据模型的结构关系是:若干的比特流组成一个数据包,若干的数据包组成一条条目,若干条目组成一个合集,若干合集再组成一个社区(如图 4-1 所示)。

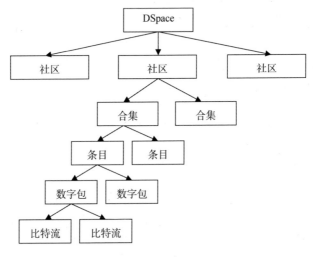

图 4-1　DSpace 数据模型结构图

与实际情况相对应,每一个条目可以属于一个或多个合集(专题),即一条条目可以映射到多个合集之下。如某个合集下的条目,可以通过映射的方法,同时成为其他合集下的条目。

4.1.1.2　DSpace 系统中的元数据

由于 DC(Dublin core)元数据具备通用、简单的优势,被 DSpace 系统所采用。DSpace 系统中 DC 元数据包括了三类元数据,即结构型元数据(structural metadata)、管理型元数据(administrative metadata)和描述型元数据(descriptive metadata)。

　　结构型元数据包含了如何给最终用户显示条目或条目中的比特流的信息,例如有一个条目,即一篇含有许多图片的论文(其中一张图片就是一页,每张图片就是条目中一个比特流),那么该条目的结构型元数据就包含了一张图片是一页,并按一定顺序显示每一页的结构信息。

　　管理型元数据包含了保存元数据、来源/出处元数据和授权策略数据。该类元数据大部分都保存在 DSpace 的关联数据库管理系统中,其中来源元数据储存在 DC 元数据核心集记录中。另外 DC 元数据核心集记录中还复制了一些其他的管理性元数据(如比特流字节大小和 MIME 类型)。

　　描述型元数据主要用来描述社区、合集及条目记录信息。DSpace 系统的元数据默认配置是麻省理工学院图书馆的配置,即一组基于图书馆应用协议(library application profile)的 DC 元素和限定词①。各图书馆或科研机构可以在 DSpace 的管理窗口的"Dublin core 注册"中根据实际需要适当修改相应的元素或限定词。

4.1.1.3　唯一地标识 Handle

　　在 DSpace 系统中描述型元数据元素标识符(identifier)的限定词 URI 的值是由 CNRI(corporation for national research initiatives)②提供的 handle 系统专门负责赋值。

　　常常由于某种原因,用户在点击一个网页的链接(如收藏

---

①　Library Application Profile,[EB/OL][2012 - 8 - 22] http://www.dublincore.org/documents/library-application-profile/.

②　Welcome to the Handle System,[EB/OL][2012 - 8 - 22] http://www.handle.net/.

在收藏夹中的链接)时,发现原有内容已经更换,或者原有内容虽还存在,但已经更换了链接地址,或者已经不能链接成为了死链。这些现象都给用户的使用造成了不便,从而对该链接及所在站点产生怀疑和不信任感,久而久之,对这些链接或站点失去了兴趣。DSpace 开发人员为避免这种情况,运用CNRI 提供的 handle 系统为每一条条目、合集、社区产生一个全球唯一的永久统一标识符 handle。这就意味着无论条目、合集、社区的内容或物理位置怎么改变,用户只要使用该handle,同时 handle 服务器运行正常,即可找到相应的条目、合集或社区,这样就避免了上述现象的发生。

　　DSpace 系统要使用 handle,首先要在本地安装由 CNRI提供的 handle 服务,并向 CNRI 申请 handle 前缀,该前缀全球唯一。正因为如此才保证了用户可以在全球任何地方访问相应的条目、合集、社区。以厦门大学学术典藏库为例,handle 的 格 式 有 如 下 两 种：hdl：2288/41 和 http://hdl.handle.net/2288/41

　　其中,2288 是厦门大学向 CNRI 申请的 handle 前缀,41是系统为其中一条条目分配的顺序号。上述两种方式都可全球唯一地标识该条目。用户只要在网页浏览器中输入第二方式即可访问到该条目,而第一种方式需要安装 CNRI 提供的插件才可以访问相应的条目。

4.1.2　系统数据处理

　　DSpace 系统主要用于长期保存管理教育科研机构的各种数字化资源,包括论文、图书、图书章节、数据集、学习资源、图像、3D 图像、地图、乐谱、设计图、预印本、录音记录、音乐录音、软件、技术报告、论著、视频、工作文档等等,几乎包括了所有格式的数字化的文字、图像、音频和视频资源。以上这些资源提交到 DSpace 系统后构成了基本的条目单元。

条目是 DSpace 系统存储库中的基本存档单元,也是 DSpace 系统数据摄入的基本单元。DSpace 系统的数据摄入有两种方式:一种是从 Web 界面提交条目,每次只能提交一条条目;另一种方式是在文本界面下用命令的方式将一批条目导入到相应的合集下。

4.1.2.1 数据导入与导出以及相关接口

考虑到数据备份和系统间数据移植,以及数据交换的需要,DSpace 系统提供了相应的导入与导出脚本工具。运用导出脚本工具可以导出某合集下的一条条目,或者所有条目。导出的条目为一个文件夹,文件夹中包括 contents、dublin_core.xml、handle、license.txt、数字文件(如一篇 Word 格式的论文)六个文件,其中 contents 文件指明了主要的数字包(即指 license.txt 和数字文件),dublin_core.xml 文件包含了该数字文件的所有 DC 元数据。相反,运用导入脚本工具,可以把上述导出的条目导入到本系统或其他 DSpace 系统相应的合集中。上述导出与导入功能也就同时实现了条目数据的备份、移植、交换、恢复的过程。

为了 DSpace 系统中的数据能够与其他系统数据进行更完备的交换,DSpace 系统还提供了基于 METS 的导出工具,能够把条目中比特流导成基于 METS 元数据格式的 METS 文件。

另外,DSpace 系统同时支持 OAI 协议和 OpenURL 协议。通过 OAI 接口,有关机构(如 OAIster,美国密歇根州大

学数字图书馆的一个项目成果服务）可以定期或不定期对
DSpace 系统的元数据进行收割（DSpace 系统中 DC 元数据默
认是公开的，并允许其他系统对其收割）。由于 DSpace 系统
支持 OpenURL 协议，对于拥有 SFX 服务器的机构，通过设置
DSpace 系统，系统将在每个条目页面上显示一个 OpenURL
链接，同时能够响应外来的 OpenURL 请求，这些都有利于相
关信息的检索与利用。

4.1.2.2　数据提交的工作流

通常，条目提交或导入后，还不能正式归入 DSpace 存储
库中，需要经过审核人员审核并确认后才能正式归档。审核
人员审核的内容包括提交的条目内容是否符合要求，条目的
元数据是否正确或规范等，然后确认该条目是否被正式归
档，或者认为该条目需要进行相应的修改后才能归档，或者
直接拒绝该条目。DSpace 系统把这一过程称为工作流
（workflow），并按不同功能权限将工作流分为三步。第一
步，接受或者拒绝新提交的条目；第二步，编辑新提交条目
的元数据，并接受或者拒绝新提交的条目；第三步，编辑新
提交条目的元数据，不能拒绝新提交的条目。上述三个步
骤一步接一步，只有执行完上一步骤后才可以执行下一步
骤，当然，如果系统设置时忽略了某一步骤，则直接跳入下
一步骤。如果三个步骤都被忽略，则新提交的条目提交完
后直接正式归入 DSpace 存储库，这种方式是系统默认的
设置。

新提交的条目如果被拒绝，那么被拒绝的原因或理由将
以邮件的方式通知提交者，由提交者作相关的修改后再提交。
如果新提交的条目被接受，则顺序进入下一步骤。拥有管理

员权限的用户可以直接删除新提交的条目,工作流也将因此而取消。

在执行完上述工作流后,新条目正式归入 DSpace 存储库之前,系统还将自动为该条目做如下工作:

(1) 给条目如下 DC 元素赋值, date. accessioned, date. available, date. issued(条目提交时没有赋值), identifier. uri(即 handle);

(2) 添加包括比特流校验和 checksum 在内的来源信息到条目中;

(3) 把条目及其相关的授权策略添加到目标合集中;

(4) 把条目添加到检索和浏览的索引中。

4.1.3　用户与数字对象管理

DSpace 系统中授权/权限的策略管理大体上包括两部分:一部分是对用户的授权管理,另一部分是对 DSpace 数字对象的权限管理。

4.1.3.1　用户授权管理

DSpace 系统中,对用户及权限的管理主要是基于群组(group)的管理,所谓群组是指具有相同功能权限的用户集合。

对单个用户的管理主要包括对该用户在 DSpace 系统中注册信息的管理,注册信息包括该用户的 E-mail、姓名、联系电话、密码等,另外还包括是否允许该用户通过 Web 界面登录系统、是否需要相关凭证才能登录系统、删除或添加新用户等。

对群组的管理主要是群组成员的管理及群组权限的管

理。对于群组中的成员管理员可以随时添加或删除。群组权限的管理主要是为该群组授予何种角色,角色主要包括管理员(administrator)、匿名(anonymous)、合集管理者(collection administrator)、条目提交者(submitter)、工作流执行者(workflow)等。其中有两个组是特殊的组,即管理员组和匿名组。管理员组中的成员具有最高的权限,可以执行任何动作;而匿名组拥有最低的权限,只能浏览 DSpace 系统中"只读"的数字对象。任何注册用户和未注册用户都默认拥有匿名组的权限。

需要注意的是 DSpace 系统中的用户并不仅指实际生活中的使用人,而且还可能是计算机。因为在 DSpace 系统中,某些功能是由实际生活中的使用人来执行,而有些功能是由计算机完成的。因此,DSpace 系统中用户是指能够执行某项功能或动作的执行者,并把这种执行者称为"电子用户"(E-person, E-people),比如前述条目提交与工作流的执行,不同的步骤可以由一个电子用户或多个电子用户共同完成,实际生活中的使用人可以同时扮演几个电子用户。

4.1.3.2　对数字对象的权限管理

对数字对象的权限管理主要是指对前述社区、合集、条目、数字包、比特流的权限管理。这些数字对象包括的权限如表 4-1 至表 4-5。

表 4-1　社区权限

权　　限	说　　明
添加/移除	添加或移除社区下的合集或子社区

表 4-2 合集权限

权 限	说 明
添加/移除	添加或移除合集下的条目,此处添加是指可以上传条目到该合集的权限
默认条目读	所有提交的条目都默认可以被浏览
默认比特流读	所有提交条目的比特流都默认可以被浏览
合集管理	能够编辑合集中的条目,或者将其移除,或者把其他合集下的条目映射到本合集

表 4-3 条目权限

权 限	说 明
添加/移除	添加或移除条目下数字包
读	可以浏览条目内容(条目元数据默认总是可以读的)
写	可以修改条目内容

表 4-4 数字包权限

权 限	说 明
添加/移除	添加或移除数字包下的比特流

表 4-5 比特流权限

权 限	说 明
读	可以浏览比特流
写	可以修改比特流

以上各个数字对象的权限都可以赋给某个群组,然后群

组成员都可以执行相应的权限。需要注意的是,DSpace中没有删除的权项,只有移除的权项,即"删除"某项并不是从物理上把数据去除,而是把数据隐藏了起来。

4.1.4　浏览与检索

浏览和检索是了解 DSpace 内容和使用 DSpace 系统的重要方式和手段。在 DSpace 系统中提供了按题名、按作者、按出版日期进行浏览 DSpace 存储库中全部条目的功能,也提供了选择相应的社区或合集后,浏览该社区或合集下所有条目的功能。这些浏览功能大大方便了用户使用 DSpace。

在具体浏览某个条目内容时,对于某些条目只能下载到本机硬盘上后才能浏览或观看,例如音、视频数字资源(要求安装有相关应用软件,如播放器),而另一些条目则可以直接在 Web 浏览器中打开,无需另外下载到本机,例如网页、图片等。

另外,DSpace 系统通过 API 与开源搜索引擎 Lucene,为 DSpace 提供了高效的检索服务。DSpace 系统提供了两种检索方式:一种是简单检索方式,即在检索栏中输入检索词,系统自动在 DSpace 存储库检索相关内容(检索字段可以由用户自定义);另一种是高级检索方式,即可以指定相应的合集和 DC 元数据字段进行精确检索。

4.1.5　统计和订阅功能

DSpace 系统有一个强大的日志记录功能,对系统的安装、运行和使用情况都有详细的日志记录。使用 DSpace 系统自带的日志分析工具自动对系统使用情况部分进行统计分析,可以得到对管理员或用户有帮助意义的统计报表。统计报表包括了如下内容:条目被浏览或阅读的总次数,合集、社区被访问的总次数,通过 OAI 被访问的总次数,归档内容概要,用户登录情况,最常用的检索等等。通过定制,这些统计报告可以按月呈现或只呈现总的情况,可以让所有用户看到这些统计报告,也可定制为只有部分管理员可以看到这些报告。

另外,若用户对某一专题的合集或多个合集下的条目持续关注或感兴趣,可以通过订阅(subscribe)的方式了解这些专题的最新条目。在每个合集的 Web 首页都有一个订阅按钮,用户(已经在系统上注册过的用户)可以通过点击该按钮来订阅该合集的内容。这样,每当有新的条目提交到该合集时,DSpace 系统将这些条目的简要信息自动通过邮件的方式通知订阅用户,以便用户随时了解最新信息。当然,用户也可以随时取消订阅不再需要的内容。

4.2　系统基本功能的定制

由于 DSpace 是一个开放源代码系统,我们可以根据军队政治工作原生数字资源开放平台的各方面需求对其进行定制,从而实现系统的各项功能。

4.2.1　信息组织模型定制

Dspace 使用分层结构的对象来组织数据,可依其使用机构的需要成立多个社区,即数字空间群,对应院、部、系等组织结构。另外,社区之间可以嵌套,即在社区之下再建一个子社区,子社区下可以再建孙社区,从而形成"院、部、系、教研室"多级格局。每个数字空间群可以拥有多个专题,而每一个专题可能包含多个数字条目,一个数字条目则由多个数字流包所组成,每个数字流包内包含一到多个数字流。即按照"数字空间群——专题——数字条目"的基本模型对信息资源进行组织和管理。根据需求,我们使用"院系/部——专题——知识条目"的层次结构方式对内容进行组织(其中院系/部可以嵌套),建立如图 4-2 所示简单的映射关系。

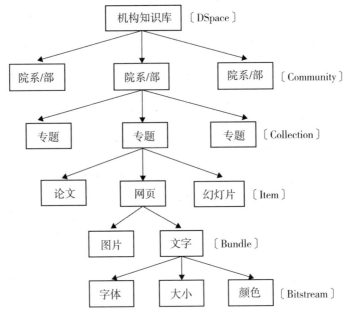

图 4-2　开放平台信息组织模型

具体来说,我们在本单位(武警政治学院)架设基于 DSpace 的机构知识库,供全校师生使用。那么一个数字空间群就代表一个院校的某个系或者某个部门,如训练部。以训练部为例,其下可能有多个专题,如论文、图片、网页、课件、教案、工作报告等各种资料。就其中一个网页资料来说,可能由两个数字流包组成,一个数字流包存放网页的纯文字性的信息,另一个存放网页的图片信息。就文字来说,又由很多数字流组成,这些数字流分别表示文字的字体、大小、颜色等等。这样的映射关系提供的是一种信息呈现结构,实际上本身并不会对系统内部的信息处理逻辑和流程产生影响。

4.2.2　统一编码环境

在典型的基于 Java 的 Web 应用环境中,用户与 Web 应用之间的交互可能涉及浏览器、Web 服务器、Web 应用、JDBC、数据库等各个环节和过程,由于各个环节可能采用不同的字符编码模式,因此使得流经这些环节的数据或信息流经常不可避免地要在不同编码格式之间进行主动或被动地转换,其中任一环节编码模式的错误,都可能导致数据或信息转换的失效。当前,能够比较彻底地解决这一问题的方法是统一各环节的编码格式,建立基于 Unicode 标准的统一编码环境。

1. Web 浏览器的设定

当前主流的浏览器(如 IE6.0 或 FireFox 6)都提供了自动检测网页中包含的编码格式信息,并据此支持对不同语言内容的正确显示,按照相同的编码格式或 Web 表单本身指定的编码格式对提交的内容进行编码,一般不需要用户的直接干预。

2. Web 服务器的设定

HTTP 协议只规定了传送请求的 URL 中出现的非 ASCII 字符以及一些特殊字符要以十六进制串的形式进行编码,没有对具体字符集的编码作相应的规定。因此,需要指定 Web 服务器默认的编码格式,保证对编码后的 URL 数据正确解析。以 Tomcat5.5 以上版本作为 Web 服务器,为保证以 Unicode/UTF-8 方式对 HTTP 请求数据进行编解码,需要在其配置文件 server.xml 中增加有关 URI Encoding 的设置: ＜Connector port＝"8080"maxHttpHeaderSize＝"8192"…… URI Encoding＝"UTF-8"/＞。

3. Web 应用字符编码的设定

在 Web 应用环节的字符编码问题上,由于容易通过程序方式操控,DSpace 已比较好地解决了这一问题。其主要的解决思路和方法是,对于任何 DSpace 中的 jsp 文件,都在其第一行使用 jsp page 指示符来明确指定字符编码格式为"UTF-8",如:＜％@ page contentType＝" text/html; charset＝UTF-8"％＞。对于 DSpace 中的 servlet,则通过在一个 DSpaceServlet 基类中初始化 DSpaceContext,并设定所有请求参数的编码格式为"UTF-8",以保证请求被读取之前都能按照 UTF-8 格式被正确地编码。其他所有的 servlets 都必须继承该基类,从而能够以同样的编码格式进行请求的接受和处理。

4. 数据库和 JDBC 连接的编码设定

在 JDBC 连接方面,编码问题可能因不同厂商的 JDBC 驱动而异。DSpace 默认的数据库为 PostgreSQL7.3 及以上的版本,其相应的 JDBC 驱动版本也开始将数据库交互过程中

的编码转换完全交由数据库本身解决。本系统数据库使用
PostgreSQL8.0,这些选项已成为默认的编译选项,因此不需
要在编译阶段再配置。另外,在创建供 DSpace 使用的数据库
时使用编码选项并声明为"UNICODE",如"createdb-U
dspace-E UNICODE dspace",使数据库内部以 UTF-8 方式
对数据进行编码和存储。

5. 操作系统语言环境的设定

尽管操作系统的语言环境(locale)并不直接影响 DSpace
的部署和运行,将其设定为基于 Unicode 的环境则有助于防
止系统定制和运行过程中发生不必要的差错,如支持 JVM 以
及 Tomcat 服务器,则可以直接从操作系统的编码方式中获
得适当的默认文件编码属性,保证程序的正确编译和运行等。

至此,一套支持 DSpace 运行的基于 Unicode/UTF-8 的
完整的编码环境就基本构建形成了,并为 DSpace 后续的中文
化定制和部署奠定了良好的基础。

4.2.3 中文化实现

由于 DSpace 为全英文系统,因此在定制的过程中首要问
题是中文支持。从 DSpace1.4 版本开始,DSpace 开展了一些
国际化服务的尝试,如采用 Unicode 国际化字符集解决信息
交换中的中文字符的解析问题,支持多语言模式的标签文件
(messages.properties)使本地语言的转换更加便利。通过对
DSpace 源码的分析和修改,我们实现了 Web 界面和索引的
中文支持。

4.2.3.1 Web 界面的中文化

在 DSpace 中,大部分 JSP 文件都将 JSTL(JSP 标准标签

库)的 fmt 标签应用于 HTML 标签内容中,fmt 标签则统一集中在标签文件 messages.properties 中。因此,Web 界面的修改可以在其 HTML 标签中进行,而不涉及 jsp 文件。针对不同的语言版本,可以创建相应的标签文件。因此,Web 用户可以根据语言习惯设置合适的标签文件,使之最终显示在界面上。为此,我们将所有的 jsp 文件标签化,并建立中文标签文件(messages_zh.properties)。这样,中文操作系统的用户就可以根据当前浏览器的中文语言属性来驱动 DSpace 的中文显示界面。

在 JAVA 文件的中文支持上,因为 DSpace 的 Web 服务是基于请求/响应的 servlet 模式,所以可能有部分 Java 文件会包含一些 HTML 描述信息。对此,就需要对这些 Java 文件中相关的 HTML 标签内容进行汉化。通过对系统后台响应的测试,我们找到了包含 HTML 页面描述信息的 Java 文件,并对这些文件进行了汉化处理。

此外,在具体应用中还需要对另外的一些文件进行修改和汉化。例如,对提交界面进行中文化需要对[dspace]\config\input-forms.xml 文件中的 Tag 语句进行翻译;对系统邮件服务的中文化需要对[dspace]\config\emails 目录下的模板进行翻译并以 UTF-8 编码方式保存;对 DSpace 帮助文档的中文化需要对 DSpace help、collection administrator help 和 site administrator help 这三个文档进行汉化。

最后,还需要注意 DSpace 对人的姓名的处理习惯,例如作者姓名的显示为先"名"后"姓",这显然不符合中文化要求。为此,需要对[DSpace]\src\org\dspace\content\DCPersonName.java 文件中的 toString()函数进行简单修改,具体方法不再赘述。

4.2.3.2 邮件的汉化

DSpace 系统中用户的电子邮箱是用户的唯一标识符,可看作用户的账号。新用户的注册,老用户的密码重置,上传文章是否通过审核等信息都是通过邮件来发送给用户的。系统的邮件都存放在/dspace/config/emails 文件夹下。例如,register 文件用于新用户注册时,向用户发送注册链接的邮件;change_password 文件是用户密码丢失遗忘时,向用户发送密码重置链接的邮件;feedback 文件是用户意见反馈的邮件格式等等。这些邮件均可进行汉化。subject 后是邮件的标题,直接用汉语替换原来的英文即可。subject、{0}、{1}等信息是系统数据传递的字段,不要进行修改。

4.2.3.3 提交作品时各字段的汉化

系统提交作品时描述信息的汉化,需要修改/dspace/config/input-forms.xml 文件,将<label></label>和<hint></hint>标签内的英文翻译为汉语即可。如果希望减少用户提交论文时的某些描述信息,可以将 input-forms.xml 内的相关字段删除。

汉化过程中需要对系统进行反复测试,直至系统运行正常。如果出现乱码,需要修改汉化文件的编码格式。

4.2.3.4 索引中文化

DSpace 默认为面向英文数字资源,系统搜索引擎插件 lucene 也默认为英文解析,因此在默认配置下 DSpace 对中文数据的搜索效果欠佳。这主要是由于中、英文在分词上的差别,英文语句中单词之间通过空格分开,而中文语句字与字之间是相连的,并没有按照"词"分隔开来,因此需要使用正确的中文词法分析器来解决该问题。lucene 本身提供了几个分词组件:

　　WhitespaceAnalyzer:仅仅是去除空格,对字母没有小写化,不支持中文;SimpleAnalyzer:功能强于 WhitespaceAnalyzer,将字母之外的符号全部过滤掉,并且将所有的字母小写化,不支持中文;StopAnalyzer:StopAnalyzer 的功能超越了 SimpleAnalyzer,在 SimpleAnalyzer 的基础上增加了去除"停用词"的功能,不支持中文;StandardAnalyzer:英文的处理能力同于 StopAnalyzer,可最简单地实现中文分词,支持中文采用的方法为单字切分。每个字都作为一个词,这样分出来虽然全面,但有很多缺点,比如,索引文件过大,检索时速度慢等;ChineseAnalyzer:性能类似于 StandardAnalyzer,缺点是不支持中英文混和分词;CJKAnalyzer:在英文处理上的功能和 StandardAnalyzer 相同,在汉语分词上使用二元切分,但是不能过滤掉标点符号。DSpace 可以配置使用其中任一方法,但在处理中文时效果都不是最好。

　　JE-analyzer(极易)是 lucene 的第三方分词包,也是免费的中文分词器,采用正向最大匹配算法实现分词。它支持英文、数字、中文(简体)混合分词,有超过 22 万词的词库、常用的数量和人名,词典的动态扩展。使用 JE-analyzer 具体方法是:先在索引工具包 lucene.jar 中加入 JE-analyzer,然后重新生成 lucene.jar,最后在 DSpace 的配置文件中将 lucene 语言分词器设定为 JE-analyzer。经过测试,系统实现了索引对中文和中英文混合分词的支持。

4.2.4　工作流和管理策略定制

4.2.4.1　对工作流的定制

DSpace 作为一个数字资源存储管理系统,在管理策略上

具有良好的灵活性,能够实现如下多种工作流机制:

(1) 用户(e-people)及用户组(group)。DSpace 的用户既可以是具体的人也可以是机器、软件代理等,采用 username/password 或 X509 证书对用户进行认证,可以设定由多个用户组成的用户组。

(2) 权限(authorization)。DSpace 对资源存取的操作类别(增、删、读、写等)和用户角色进行设定,并通过两者的关联实现授权管理,这种授权不具有向下继承性,如对 Item 具有 delete 权限的用户,对构成 Item 的 Bitstream 没有 delete 权利。

(3) 工作流(workflow)。DSpace 可以对 Item 的提交过程以工作流的方式进行定制,并通过事件触发工作流运转。DSpace 有一个包括提交、文件审核、元数据审核、元数据终审、存档 5 大步骤的完整工作流程,每一步骤再与相关的用户角色关联,如提交者(submitter)、审核者(reviewer)、元数据编辑者(metadata editor)和协调者(coordinator)等。我们根据实际系统的需求选择不同的环节定制了相应的流程。

4.2.4.2 对管理策略的定制

DSpace 系统安装完成后,可通过../dspace/bin/create-administrator 命令创建初始管理员的账号。该账号具有 DSpace 系统的最高权限。通过管理员账号登陆系统后,可在首页左下角工作区看到管理(administrator)栏目。该栏目包含了以下 DSpace 系统的管理功能:

1. 社区(community)管理

通过社区的管理,可以增加、修改和删除社区及其子社区和专题的名称、简介、Logo、属性、提交群组、权限等信息。社区可根据机构的具体需求进行设置。

2. 电子用户(Eperson)管理

DSpace 系统中的用户,称为电子用户(Eperson)。管理员可以删除已有的电子用户,可以添加新用户,也可对现有用户的注册信息进行编辑,如注册用户的 E-mail、姓名、联系电话、密码等内容。

3. 群组(gruop)管理

DSpace 系统中,对用户及权限的管理主要是基于群组(group)的管理,所谓群组是指具有相同功能权限的用户集合。

对群组的管理主要是群组成员的管理及群组权限的管理。管理员可以随时添加或删除某群组中的成员。群组权限的管理主要是为该群组授予何种角色,角色主要包括管理员(administrator)、匿名(anonymous)、合集管理者(collection.administrator)、条目提交者(submitter)、工作流执行者(workflow)等。其中有两个组是特殊的组,即管理员组和匿名组。管理员组中的成员具有最高的权限,可以执行任何动作;而匿名组拥有最低的权限,只能浏览 DSpace 系统中"只读"的数字对象。任何注册用户和未注册用户都默认拥有匿名组的权限。工作流执行者,即审核人员,可通过对提交作品的审核来保证系统内作品的质量。

4. 条目(item)管理

条目是机构仓储的基本存档单元,即提交到 DSpace 系统的数据单元。管理员对条目的管理包含删除、编辑条目及将条目转移到另外的专题下。编辑条目可对条目的元数据进行修改。如提交人姓名、提交作品的标题、简介、关键词、出版社、出版日期等信息。

5. 编辑新闻

DSpace 系统首页的顶部新闻（top news）和右侧新闻（sidebar news）均是可编辑的。通过编辑新闻功能可实现新闻内容的编辑。新闻的编辑可以是简单文字描述，也可以是 HTML 语言。

6. 编辑许可条款

许可条款是为保证 DSpace 系统中作品的质量、版权等而设置的免责声明，用户同意了许可条款的内容，才可以提交作品。除了以上内容，DSpace 系统的管理和维护还包含对系统访问量、下载量等统计信息的管理、工作流管理等内容。

5 基于 XML 的系统界面和功能定制的设计与实现

针对应用 Manakin 进行 DSpace 用户界面和系统功能定制问题展开研究。介绍 Manakin 的设计思路;分析 Cocoon 框架的基本原理及其在 Manakin 体系架构中的具体应用;给出这种体系结构在项目实践中的应用结果;讨论这种体系的灵活性。

5.1 引　言

传统的 DSpace 系统是基于 jsp 设计的。基于 jsp 对 Dspace 的功能进行定制至少存在两个弊端:一是要扩展它的功能,要有深厚的 Java 开发经验,无论是难度还是花费的时间精力都较大;二是对于各个不同的专题,仅能选用单一的界面显示,无法根据专题内容选择有各自的定制界面和功能。在 DSpace 1.5 以后的版本中,在原有基于 JSP 界面的基础上,增加了一个新的工程项目 Manakin。Manakin 项目采用了 Apache Cocoon 网页发布框架和 AOP(aspect-oriented programming)编程思想,以基于 XML 的技术灵活地进行用户界面和系统功能的个性化,被国际上越来越多的用户所采用①。

　　Manakin 是在 Open Repositories 2007② 上引入的一个专门针对数字仓储的界面框架进行研究的项目。在其初始版本发布一年之后,由于其卓越的性能,DSpace 开发团队将 Manakin 项目进行整合,成为 DSpace 核心架构的重要组成部分。目前,国际上众多的机构都是以 Manakin 的界面形式部署 DSpace。例如,Instituto Antonio Carlos Jobim③ 仓储项目通过部署 Manakin 构建了一个专门针对多媒体的仓储库;PolicyArchive④ 项目则通过部署 Manakin 极大地改进了 DSpace 界面的友好程度;芬兰的 Doria⑤ 仓储项目则利用 Manakin 强大的多语言支持功能,适应了其 ETD 专题集的由多国语言构成的特点,满足了其多语言支持的需求。美国德克萨斯州的 A&M 大学,利用 Manakin 将其地图专题集的

　　① *Learning to Use Manakin (XMLUI)-Overview of how to use Manakin and how it works*,[EB/OL][2012 - 8 - 15] http://www.tdl.org/wp-content/uploads/2009/04/LearningToUseManakin.pdf.

　　② Scott Phillips, Cody Green, Alexey Maslov, Adam Mikeal, and John Leggett. "*Introducing Manakin: Overview and Architecture.*" Open Repositories 2007, San Antonio, Texas, January 23 - 26, 2007,[EB/OL][2012 - 8 - 15] http://handle.tamu.edu/1969.1/5690.

　　③ *The Instituto Antonio Carlos Jobim Repository*,[EB/OL][2012 - 8 - 15] http://www.jobim.org/.

　　④ *PolicyArchive.net public policy repository.* [EB/OL][2012 - 8 - 15] http://www.policyarchive.net/.

　　⑤ *National Library of Finland's Doria Repository for electronic theses and dissertations.* [EB/OL][2012 - 8 - 15] https://oa.doria.fi/handle/10024/25.

地理空间元数据进行了可视化,并依此重新设计了其 Web 站点。尽管基于 Manakin 的应用在国际上越来越多,然而,国内尚未见到实践中应用 Manakin 的项目,相关研究也非常少①。

对于一个数字仓储而言,基于其存储内容的不同,必然有许多特定的功能需求。数字仓储应该能够尽量满足用户的这些需求。Manakin 提供了一个抽象的框架,能够创建个性化的、方便用户定制的界面来解决此类问题。基于 Manakin 的众多优势,在"军队政治工作原生数字资源开放平台"项目实践中选择了 Manakin 实现对开放平台功能和界面的定制。

5.2　Manakin 的设计思路

5.2.1　Manakin 的设计目标

Manakin 项目有五个设计目标②:

一是让 DSpace 平台内的每一级组织(community)和每一个专题集(collection)保持独特的外观。这有利于促进机构内不同组织层次在不同的学科将各自内容进行包装宣传,有

①　杨国栋、李晨英、韩明杰等:《Dspace 新一代 Web 界面 Manakin 的研究与实现》,《图书情报工作》,2010 年第 1 期,第 113 - 116 页。

②　*Manakin Developer's Guide*,[EB/OL][2012 - 01 - 29] http://svn.di. tamu.edu/svn/xmlui/trunk/docs/ManakinDevelopersGuide.doc.

利于提高机构内不同组织各自品牌的宣传效果。

二是将 DSpace 的业务逻辑与外在的样式和风格设计相分离。业务逻辑与界面设计分离,使得无需修改 DSpace 的底层代码就可使界面风格发生变化,从而保证了 DSpace 代码库的可维护性。

三是建立一个分层次的组件架构。Manakin 的组件架构的体系结构包括三个层次,在每个层次上都提供能够进行并行开发的组件化设计。随着层次下降,对开发者要求掌握的技能和经验也逐步减少。这三个层次依次为:① Java/Cocoon 开发层。需要 Java 开发和 Cocoon 的专业知识,并能依据所提供的组件架构执行任何对 DSpace 功能定制。② XML/XSL 主题层。要求开发者具有 XML 和 XSLT 的知识,但不必有 Java 经验。DSpace 所呈现的信息在被显示给最终用户前,仍可以在这一层被进一步处理和重新安排,然后显示给用户。大多数网站范围的、涉及到内容组织和结构变化的,可在这一层利用 XML 和 XSL 知识进行修改。③ HTML/CSS 样式层。只需要开发者具有基本的 XHTML 和 CSS 样式表的基本知识,更改信息呈现给用户的形式和风格。

四是有利于信息内容的国际化与本地化。虽然 DSpace 的 jsp 界面亦支持本地化,但 Manakin 的目标是将国际化与本地化问题一并纳入组件化设计。

五是不取代现有的基于 jsp 的界面,但提供另一种可供选择的界面接口。Manakin 提供的基于 XML 的 DSpace 界面与 jsp 界面并行工作,而非要取代 jsp 接口。这对那些已经在 jsp 界面个性化方面进行过投资的机构非常重要,因为它们之前对 jsp 的投资可能不与 manakin 兼容。

为实现这些目标，Manakin 选择了 apache cocoon 框架为自己的实现基础。

5.2.2　选择 apache cocoon 作为底层架构的原因

apache cocoon 有两个特性[①]：一方面它是一个基于关注点分离（separation of concerns，SoC）理念设计的 Web 开发框架（framework）；另一方面它有一个基于组件建立的架构（aarchitecture）。这两个特性激发了在 Manakin 项目中使用 Cocoon 的主要动机。

SoC 设计理念和组件架构有利于应用程序并行开发，每个开发人员可以只关注一个单一部分，不会影响其他人员。这非常适用于像 DSpace 这样的由一个开放和多样化的社区维护的开源项目。过去，社区的不同成员维护基于 jsp 的界面时，可能因为开发人员彼此的功能冲突而被迫更改。这引起了维护中的许多问题。Cocoon 框架可以解决这个问题，它允许个别组件被替换，而不会影响整个系统。Manakin 的基于主题（theme）和方面（aspect）的概念设计，正是建立在 Cocoon 基础之上的。

Manakin 驻留在 DSpace 的应用层，并且不需要修改 DSpace 的核心 API。Manakin 是一个基于 cocoon 的应用，它通过一套组件与 DSpace 进行交互（如图 5 - 1 所示）。

---

①　*What is Apache Cocoon?*［EB/OL］［2012 - 01 - 29］http://cocoon. apache.org/1363_1_1.html.

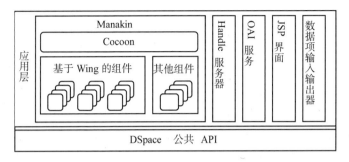

图 5-1　Manakin 在 DSpace 体系结构中的层次

5.3　Apache Cocoon 基本原理

5.3.1　Cocoon 的基本构成

理解 Cocoon，首先要理解组成它三个基本的构成①——组件(components)、管道(pipeline)和站图(sitemap)。

组件类似工厂的工人，它能够执行完成某项任务的一些操作。组件被管道连接在一起，"产品"在管道内被组件进行各种"加工"。Cocoon 有许多种类型的组件存在：如产生器(generators)、匹配器(matchers)、转换器(transformers)、序列化器(serializers)、选择器(selector)、视图(views)、阅读器(readers)和动作(actions)。这些组件彼此之间没有直接的连接，即没有方法调用到另外的组件。相反，他们之间的相互作用是由站图安排管道来管理。

---

① *Understanding Apache Cocoon*，〔EB/OL〕〔2012-01-29〕http://cocoon.apache.org/2.1/userdocs/concepts/index.html.

　　管道是 Cocoon 最基本的一个概念，类似工厂的工作流水线。当用户的一个 Web 请求进入一个管道时，类似一个产品进入流水线，各个类型的组件在每个阶段各司其职，对请求的内容进行加工转换，直到它到达管道末端。在这里，最终内容传送到用户端。

　　站图负责对这些管道和组件进行排列组织。站图是一组描述如何让所有 Cocoon 组件配置在一起合作工作的 XML文件。站图包含两个主要部分：第一部分是组件定义部分，用来描述每个组件类型；第二部分是管道部分，它定义将这些组件进行排列的方式。

5.3.2　Cocoon 的结构体系

　　在任何基于 Cocoon 框架组建网站的应用中，站图是设计的核心。开发人员根据不同的需求，在站图中将不同的组件整合起来，这样，不用任何"真正"的编程，就可建立一个动态网站。

　　Cocoon 的结构体系如图 5 - 2 所示。

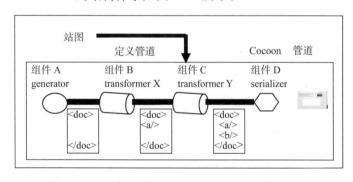

图 5 - 2　Apache Cocoon 的结构体系

5.4 Manakin 的架构分析

5.4.1 Manakin 的基本构成

Manakin 是一个基于 Cocoon 框架组建的 Web 应用程序。理解了 Cocoon，就非常容易理解 Manakin。在综合利用 Cocoon 的基本构件的基础上，Manakin 引入了 DRI 模式（DRI schema）、面（aspect）和主题（theme）三个独特的概念。DRI schema 用于规范 Cocoon 管道中被产生、转换、加工的内容；aspect 就是一系列组件的集合；theme 本质上也是由组件构成的，负责在管道的进口和出口进行控制，并最终将生成的 DRI 文档以用户定义的各种样式通过浏览器呈现给用户。Manakin 对 aspect 和 theme 的控制都以站图的形式来进行安排。

DRI Schema 是 DSpace 系统生成的所有页面内容所必须遵守的规范。DRI 文档是遵守 DRI 模式，由 DSpace 的各种组件生成的，包含将要呈现给用户内容的 XML 文档。它好比是要被 aspect 和 theme 加工的"产品"。其内容由 theme 进行各种样式的修饰之间，都必须遵守 DRI Schema 规范。DRI schema 中有两种类型的元素[①]：一种是结构元素，包括生成 DSpace 系统用户页面的各种表现元素；另一种是元数据元

---

① *DRI Schema Reference*，［EB/OL］［2012 - 01 - 30］https://wiki.duraspace.org/display/DSDOC/DRI＋Schema＋Reference.

素,包括页面、用户授权及文档相关信息等。

theme 的功能是按用户的请求将 Manakin 生成的内容组织起来,生成用户可以读取的格式,默认情况下就是 XHTML 文档。theme 主要应用两种技术手段:一是应用 XSL 样式文件,二是使用 CSS 样式功能。通过配置,theme 既可以应用于整个网站,也可应用于某个特定的专题集,甚至是任意某个网页。

aspect 应 用 了 SoC 中 按 面 编 程（aspect-oriented programming，AOP)的"面"的概念。Manakin 程序由各司其职的 aspect 构成。每个 aspect 由数个相互配合的 Cocoon 组件,如转换器、动作、匹配器组成,通过"管道"连接到一起,共同对 DRI 文档进行处理,以完成某项任务。

Manakin 默认安装激活的 aspect 有四个:① Artifact-Browser,实现用户浏览和检索;② E-person,实现用户登录、登出、修改密码、注册等;③ submission,实现内容提交、工作流程和验收等;④ administrative,实现新建或修改社区、用户管理、授权等。

5.4.2　Manakin 处理一个用户请求的过程

Manakin 中, DSpace 的页面请求处理包括两个主要过程(如图 5 - 3):内容生成过程和风格应用过程。DSpace 用户请求通过"管道"的作用传递到所需的 aspect,最终在 DRI 文档中形成用户需要的全部内容。

内容生成过程控制各个 aspect。首先建立一个遵守 DRI 规范的 XML 文档,即 DRI 文档,它代表了用户所要请求的页面。DRI 文档在管道中由不同的 aspect 处理,各自装入各自负责的内容。如：ArtifactBrowser aspect 加入能够实现用户浏览和检索的内容，E-person aspect 加入能够实现用户登录、登出、修改密码和注册等的功能。在这个过程结束时，该文件将包含请求所需要建立的页面数据。

风格应用过程控制各个 theme 的应用。风格应用过程使用 theme 将 DRI 文档转换成各式各样的显示形式（通常就是XHTML）。

这两级应用中，只有 aspect 需要与 DSpace 的公共 API打交道。

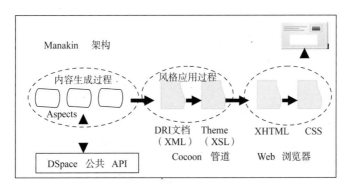

图 5-3　Manakin 架构

5.4.3　生成内容的国际化

国际化是将页面语文转化为用户的语言的过程。在 Cocoon 中，这可以通过使用"键"在一个目录文件中查找特定词和词组所对应的翻译来完成。要翻译的短语被映射到目录文件中，与"键"一一对应。目录文件一般也是 XML 文件。

Manakin 中，当 DRI 页面内容由各个 aspect 生成时，涉及需要本地化显示的内容以"键"的形式嵌入在文件中，并以

Cocoon 的 i18n 模式进行编码。国际化转换器利用目录文件将这些键映射到用户语言的相应短语，然后插入回原来的 DRI 文档，取代其中的键值。这个目录文件就是 Manakin 的 i18n 目录下的以 messages 命名的一系列文档。

由于 i18n 转换器也是一个 Cocoon 组件，国际化的过程就完全纳入了组件化架构。

5.5　Manakin 在集成开发中的应用实践

5.5.1　Eclipse 集成开发环境的建立

5.5.1.1　正确安装插件

能够支持 DSpace 开发的工具很多，如 NetBeans 和 Eclipse 等。笔者选用的是 Eclipse 的 J2EE 版本，再安装 tomcat、maven 和 subclipse 的插件，以在基于 DSpace 的项目开发中支持内嵌的 tomcat、利用 maven 编译和从 SVN 检出。需要注意的是，maven 和 subclipse 两个插件需要安装在 Eclipse 的 dropins 文件夹下，否则会碰到一些意想不到的结果。

5.5.1.2　正确配置 DSpace 配置文件

DSpace 开发中有两个在不同时期起作用的配置文件。一个是编译时起作用的初始的配置文件，另一个是部署后在运行环境中起作用的配置文件。

在 Eclipse 内利用 maven 进行项目的开发管理时，DSpace 最初配置文件的设置非常重要。在 mave build 选项的 configure 配置中,除了配置编译目标为 package 外,必须设置 dspace.config 初始参数配置初始的配置文件。如:要集成最新版本的 DSpace 4.2,要将 dspace.config 参数设置为{Eclips 工作区文件夹}\dspace-4.2.0\dspace\config\dspace.cfg}。否则,Eclipse 无法找到初始的 DSpace 配置文件。

要注意,最终在运行环境中起作用的配置文件,是由初始配置文件中 dspace.dir 参数决定的文件夹中 config 文件下的那个配置文件。

5.5.1.3　maven 管理

由于 DSpace 利用 maven 管理项目,其依赖包非常多,需要大量地通过因特网联网下载。当离开因特网重新编译时,往往由于依赖包的缺失而无法编译。解决办法是当 maven 编译通过后,将其本地的资源库({用户账户文件夹}\.m2\repository)及时保存。新安装时,将此文件夹及时恢复。这样,当 maven 编译时,本地资源库中已有的依赖包,就不再联网下载,同时解决了在不与因特网相联的环境中开发 DSpace 的问题。

另外,还要下载 GeoLiteCity.dat 并放入 config 目录下,否则 DSpace 无法运行。

5.5.2　界面汉化、中文检索和全文检索

5.5.2.1　界面汉化

Manakin 会根据用户设置的语言选择机构知识库系统界面的显示语言。在{DSpace 目录}\xmlui\i18n 文件夹下存在多个支持多语种功能的界面语言文件。这些文件命名格式是:messages_语种_国家_方言.xml。因为系统会按照下划线

后缀从后往前的顺序选用语言文件,所以 DSpace 系统要实现中文界面的支持,需要在 il8n 文件夹下增加名为 messages_zh.xml 的文件。同理也可以增加更多的界面语言。

在将 messages.xml 文件翻译为 messages_zh.xml 时要特别注意,不能有空 tag 在 messages_zh.xml 文件中出现,否则最终的页面显示会出现乱码问题。

另外,当 url 中出现中文时,仍会出现乱码问题。解决办法是配置 Tomcat。Tomcat 默认编码为 ISO－8859－1。因此,需要设置 Tomcat 的 server.xml 文件中 Connector 元素的 URIEncoding 属性为"UTF-8"。

5.5.2.2　一般检索和全文检索

Dspace 的检索系统使用了 Apaceh lucen 开源包。lucen 包中已有中文支持,因此只要将 dspace.cfg 中的 search.analyzer ＝ org.dspace.search.DSAnalyzer 更改为 search.analyzer＝org.apache.lucene.analysis.cn.ChineseAnalyzer 就可支持中文检索和全文检索。但 ChineseAnalyzer 在中英文混合分词时会出现问题,因此采用 5.2.3 节介绍的 lucene 的第三方分词包 JE-analyzer。但要注意,再传入新的文章后,要先进行索引。即,对一般中文检索,要先运行:dspace org.dspace.search.DSIndexer;对全文检索,要先运行:dspace org.dspace.app.mediafilter.MediaFilterManager。

5.5.3　对 Manakin 的调试

5.5.3.1　对 Aspect 的调试

可直接针对码代码中的各个 aspect 更改。也可以在更高级的站图操作。如要去掉首页中有重复的所谓首页搜索框,就要找到对应的起控制作用的站图。这个站图就是位于 dspace-xmlui 模块的{dspace-xmlui-api\src\main\resources\aspects\ArtifactBrowser}文件夹下的 sitemap.xmap。将文件中的<map：transform type＝"FrontPageSearch"/>，注释掉并重新编译，即可令首页搜索框不在首页中出现。

还可用前缀 DRI、后缀 XML 用于测试生成的 DRI 文档。前者未经 i18n 转换，后者已经翻译为本地语言。测试语句为（结果如图 5 - 4 所示）。

http：//OpenD/xmlui/DRI/search？query＝shanghai

http：//OpenD/xmlui/search？query＝shanghai&XML

```
<document version="1.1">
 -<body>
  -<div id="aspect.artifactbrowser.SimpleSearch.div.search" rend="primary" n="search">
   -<head>
      <i18n:text catalogue="default">xmlui.ArtifactBrowser.SimpleSearch.head</i18n:text>
    </head>
  -<div id="aspect.artifactbrowser.SimpleSearch.div.general-query" interactive="yes" rend="secondary search"
    action="search" n="general-query" method="get">
   -<list id="aspect.artifactbrowser.SimpleSearch.list.search-query" n="search-query" type="form">
     -<item>
      -<field id="aspect.artifactbrowser.SimpleSearch.field.scope" n="scope" type="select">
         <params/>
        -<label>
           <i18n:text catalogue="default">xmlui.ArtifactBrowser.SimpleSearch.search_scope</i18n:text>
         </label>
        -<option returnValue="/">
           <i18n:text catalogue="default">xmlui.ArtifactBrowser.AbstractSearch.all_of_dspace</i18n:text>
         </option>
         <option returnValue="123456789/1">政治工作系 (二系)</option>
         <value type="option" option="/"/>
       </field>
     </item>
     -<item>
      -<field id="aspect.artifactbrowser.SimpleSearch.field.query" n="query" type="text">
         <params/>
        -<label>
          -<i18n:text catalogue="default">
            xmlui.ArtifactBrowser.SimpleSearch.full_text_search
           </i18n:text>
         </label>
```

图 5 - 4　测试 DRI 文档

5.5.3.2　对 Theme 的调试

Manakin 有关 theme 的所有文件都在 dspace-xmlui 模块的 themes 文件夹下。

修改其下的 structrual.xsl，可以对生成的 DRI 文档的内容重新排列组合；还可针对需求添加新的 css 样式表，然后找到 themes 文件下相应主题的站图文件 sitemap.xmap,将新的 css 样式表挂在站图文件浏览器选择器中 map:transform 元素的 stylesheet.screen 属性下。新的 css 样式就可以起作用了。

　　另外,根据实践中的经验,开源软件 firebug 是调试 Html、CSS 和脚本的必备工具,在 Firefox 浏览器中安装 firebug 程序,有利于随时调试生成的各式样式(如图 5-5 所示)。

图 5-5　在 Firefox 浏览器中安装 firebug 程序

5.6　结　　语

　　"军队政治工作原生数字资源开放平台"是以 DSpace 机构知识库平台为基础构建的运行于全军政工网军队政治工作数字资源交流与共享平台(如图 5-6 所示)。在项目实践中,以 Cocoon 和 Manakin 提供的架构为基础,根据实际需求完成对 DSpace 界面和功能的替换与定制。

　　实践证明,这种架构体系具有以下优势:① 通过在 theme

图 5-6 军队政治工作原生数字资源开放平台

中应用 xsl 和 css，支持方便的 Web 界面的个性化；② 通过添加、删除或修改 aspect 实现系统功能的改变，支持方便的系统功能个性化设计；③ 实现了基于"面"的系统开发，添加或修改的 aspect 对系统中已经存在的其他 aspect 没有任何影响，不仅方便今后系统升级，还有利于与其他 DSpace 系统用户分享成果。

6 利用 OAI-ORE 进行数据交换的原理与实现

针对 OAI-ORE 解决机构知识库间互操作问题展开研究。机构知识库间互操作的关键是数据交换。介绍 OAI-PMH 和 OAI-ORE 协议的内容；描述将 OAI-ORE 数据模型映射为 DSpace 结构体系的方法；分析 DSpace 系统实现数据交换功能的原理；给出这种体系结构在项目实践中的结果和不足之处。

6.1 引　　言

机构知识库是重要的数字资源管理平台，用于存储和传播学术研究成果及机构产出等数字资源。目前，机构知识库的软件平台很多，如 DSpace、EPrints 和 Fedora 等，它们主要提供三个基本功能：内容的摄入、管理和传播。各机构知识库软件平台要解决的问题大致相同，但各平台构建的体系结构却各不相同，文件和元数据的存储和管理也各异，这就意味着不能简单地把资源对象从一个平台传输到另一个平台。异构知识库之间的互操作已经成为当前数字图书馆领域的研究热点。

互操作机制是实现机构知识库与外部机构或系统之间实现知识共享与重用的重要途径。它既允许机构内的资源被外界搜索、收获、揭示，也能实现机构知识库收割、链接外界的开放获取资源。因此，机构知识库应通过引入互操作机制来构建跨越异质的分布式开放获取资源的学术性价值链。

在开发"军队政治工作原生数字资源开放平台"中发现，为充分发挥各个单位各自的学科优势，对于某些特定专题的内容，进行异地建设、集中存储的需求变得十分明显。即，当各独立的用户平台的资源不断增长时，将本地的某些特定专题的内容通过网络交换到"共享中心"，再由"共享中心"统一负责对这些内容的管理和传播。"共享中心"的核心功能之一是从其他的用户平台中获取这些特定专题的数字资源。其关键技术就是互操作技术。

OAI 协议族中的 OAI-PMH（open archives initiative protocol for metadata harvesting）协议已经实现了机构知识库间元数据的互操作。而且，OAI-PMH 提供了基于数字资源元数据的互操作框架，应用于交互平台上数字化信息资源的检索和发布，达到有效的挖掘、传播和利用分布在不同机构和系统中的数字信息资源的目的。但是 OAI-PMH 协议的最大不足在于，其对机构知识库间数字对象的互操作无能为力。OAI-ORE（open archives initiative object exchange and reuse）是在这个背景下产生的。OAI-ORE 是 OAI（open archives initiative）组织为解决分布式数字仓储间复合数字对象交换而制定的规范，于 2008 年 10 月正式发布。OAI-ORE 对数字对象的表示方法以及如何方便获取这些表示的数字仓储服务进行研究，使新一代的跨仓储数字对象利用服务成为可能。

6.2　应用背景介绍

6.2.1　OAI-ORE 国内外应用情况

在国外，OAI-ORE 相关的应用正方兴未艾。一个应用是 2008 年开放仓储会议（open repositories conference）的获奖项目[①]。它把 OAI-ORE 与 Fedora 和 Eprints 两个数字仓储平台联合，实现了两个数字仓储平台间数字资源无损地相互传输，在这个过程中除了可以把数字对象复制到另一个仓储平台，还可以复制所有的元数据以及历史数据。它把用 Fedora 数字仓储平台构建的牛津大学研究档案馆（Oxford University Research Archive）中的数字资源收割到空的 EPrints 数字仓储平台，再把此 EPrints 数字仓储平台中的数字资源收割到另一个空的 Fedora 数字仓储平台。

OAI-ORE 的另一个应用项目是德克萨斯州数字图书馆（The Texas Digital Library，TDL），它实现了把 OAI-ORE 支持加入其机构仓储平台[②]。德克萨斯州数字图书馆是德克萨斯州的大学联合计划，它的核心服务之一是每个学期从其

---

① David Tarrant，Ben O'Steen，Tim Brody，Steve Hitchcock，Neil Jefferies and Leslie Carr. *Using OAI-ORE to Transform Digital Repositories into Interoperable Storage and Services Applications*，The Code4LIb Journl，2009，6 (3). http://journal.code4lib.org/articles/1062.

② Maslov A，Mikeal A，Phillips S，et al. *Adding OAI-ORE Support to Repository Platforms*，In：Proceedings of the 4th International Conference on Open Repositories，Georgia Institute of Technology，2009.

成员学校收割新的电子论文数据（electronic theses and dissertations，ETDs），并对现有应用实践数据进行维护。随着成员学校和电子论文的增加，这个工作变得非常棘手，只通过手工方法根本无法完成对海量数据的收割，这使得建立一个自动从其成员学校收割 ETDs 并对现有数据进行维护的系统显得尤为必要，于是 TDL 采用了 Dspace 仓储平台，并在其上实现对 OAI-ORE 的支持，很好地解决了这一问题。

由于 OAI-ORE 提出的时间不长，国内目前对 OAI-PMH 协议应用较多，对 OAI-ORE 的应用尚处于探索阶段。徐健[①]、马建霞[②]以及鞠彦辉[③]等对 OAI-ORE 的相关理论进行了探索性研究，陈晓凤[④]等介绍了 OAI-ORE 在机构知识库中的应用原理。但是，目前国内还没有基于 OAI-ORE 构建的联合网站项目问世。清华大学联合香港城市大学、台湾逢甲大学共同发起的一个合作计划，旨在创建一个国际范围内的联合机构库，即学生优秀作品数据库（outstanding academic papers by students，OAPS）[⑤]。其实现原理是利用元数据收割协议（OAI-PMH），通过 XMLParser 软件，将收割到的 XML 形式的元数据处理为 DSpace 系统可以导入的元数据，

① 徐健:《基于 OAI-ORE 的异构数字仓储互操作框架》,《现代图书情报技术》, 2008 年第 9 期,第 10 – 15 页。

② 马建霞:《数字仓储中复合数字对象相关标准比较研究》,《现代图书情报技术》, 2009 第 4 期,第 33 – 39 页。

③ 鞠彦辉、刘宏伟、邓君等:《基于 OAI-ORE 的知识库资源互操作研究》,《图书馆学研究》, 2009 年第 4 期,第 24 – 27 页。

④ 陈晓、张志平、白海燕:《OAI-ORE 在机构知识库中的应用研究与实现》,《现代图书情报技术》, 2010 年第 11 期,第 69 – 74 页。

⑤ 邹荣、曾婷、姜爱蓉、郭晶:《基于 DSpace 构建联合网站的研究与实践》,《现代图书情报技术》, 2009 年第 5 期,第 67 – 71 页。

然后利用 DSpace 系统的导入工具导入到 Dspace 系统中。中科院利用元数据开放聚合，正在建立中科院联合机构知识库①。两者都是依据对元数据的收割、处理、解析，然后通过人工干预间接构建联盟的机构知识库，因此不能在两个机构数据库之间利用 OAI-ORE 协议直接进行数据交换。

6.2.2　数字资源共享中心的建设思路

结合国外建设经验，在"军队政治工作原生数字资源开放平台"建设中，为满足需求，在开放平台实现的基础之上，实现资源共享中心功能。其解决方案应包含以下属性：

① 数据交换过程中应自动化，不需要系统的工作人员人工干预。理想情况下，"共享中心"本身将在设定的时间间隔主动更新；

② 数据交换时应该有能力区分现有的内容和新内容。因为在专题内容不断增长时，重新获取整个专题是不可行的；

③ 数据交换过程应该支持更改，更正和撤销现有的内容，以及增加新的内容；

④ 数据交换过程必须既提供为元数据，又提供对象（内容）的交换。

数据交换是机构知识库平台之间进行合作的关键组件。首先，需要一种既定标准来描述这些可交换内容的结构。OAI-ORE 就是 OAI 组织为解决分布式数字仓储间复合数字对象交换而制定的标准，这个协议使数字资源无损地从一个

---

① 王丽、孙坦、张冬荣：《中国科学院联合机构知识库的建设与推广》，《图书馆建设》，2010 年第 4 期，第 10 - 13 页。

平台转移到另一个平台成为可能。联合使用 OAI 制定的另一种元数据发现协议，即元数据收割协议 OAI-PMH，一个机构知识库的内容能以一个完全自动化的方式被复制到另一个远程的机构知识库平台。

　　数字资源共享中心以已建立的本地开放平台为基础。本地平台负责本地原生数字资源的摄入、管理和发布。"共享中心"基于 OAI-PMH 和 OAI-ORE 协议，远程"收割"各个平台上特定专题中的数字对象，再统一进行管理和重新发布。共享中心的系统框架如图 6-1 所示：

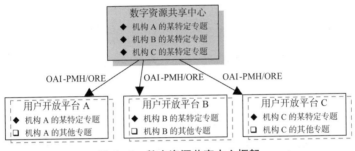

图 6-1　数字资源共享中心框架

6.3　应用 OAI-ORE 进行数据交换的基本原理

　　数据交换包括元数据和数字对象（内容）两类级别，前者称为元数据交换，后者称为内容交换。

6.3.1　利用 OAI-PMH 实现元数据交换

　　OAI-PMH 是 OAI 组织为元数据交换提供的基于 HTTP 协议上传输 XML 文件的一种易于实现的方法。遵循

OAI 协议的系统依据其任务不同,分为数据提供者(data provider,下文简称 DP)和服务提供者(service provider,下文简称 SP)。DP 通过 OAI-PMH 展示元数据结构,并在 HTTP 响应中以 OAI-PMH 要求的 XML 格式向 SP 提供元数据;SP 则发出 OAI-PMH 服务请求,以收获这些元数据。OAI-PMH 是一个包括 6 个请求动词和通过 HTTP 调用的服务的集合。

　　OAI-PMH 提供的请求动词主要有 Identify,ListSets,ListRecords,GetRecord,ListIdentifiers,ListMetadataFormats。Identify 用于获取 DP 的相关信息(表 6－1);ListSets 用于获取 DP 资源集的结构;ListRecords 用于获取 DP 提供的元数据资料;ListMetadataFormats 用于获取 DP 提供的元数据格式和类型等信息;GetRecord 用于从 DP 获取指定的元数据信息;ListIdentifiers 用于从 DP 取得能够获取记录的 ID 明细。

表 6－1　OAI-PMH 协议的核心是其提供的 6 个命令动词

动　　词	功　　　能
Identify	用于获取数据提供者的相关信息;返回的信息中有些作为 OAI-PMH 的部分是需要的,也可以利用这个动词返回额外的描述性信息,包括数据提供者的可读名称、URL、管理者的 E-Mail 地址等。
ListMetadataFormats	用来获取元数据信息仓储所支持的元数据格式。一个可选的参数(identifier)限制了该请求对指定条目的元数据格式的获得。Identifier 指定条目的唯一标识符,在条目中有效的元数据格式被请求。如果这个参数被忽略,那么响应将返回仓储所支持的所有的元数据格式。注意这个事实,仓储支持的元数据格式不意味这些元数据格式就能被仓储的所有条目传播。

（续表）

动　词	功　　能
ListSets	用来获取数据提供者的数字仓储集的结构,有利于选择性获取。
ListIdentifiers	用于向数据提供者取得能够获取记录的 ID 明细,可选的参数允许基于集合成员或时间戳的头部的选择性获取,同时依赖于数据仓储对 deletions 的支持,如果请求中指定的与参数匹配的记录已经被删除,那么返回的头部中可以有一个值为"deleted"的 status 属性。
ListRecords	用于获取数据提供者提供的元数据资料,可选的参数允许基于集合成员或时间戳的记录的选择性获取,也依赖数据仓储对 deletions 的支持,如果与请求中参数匹配的记录已经被删除,那么返回的头部(headers)可以有一个值为"deleted"的 Status 属性,有"删除"状态的记录不能表达成元数据形式。
GetRecord	用于从数据提供者获取指定的元数据信息,Required 参数,指定了条目 item(被请求的单独的记录就是从该条目中得到)的标识符和应该包含在记录中的元数据的格式,也依赖于仓储所跟踪的 deletions 级别,如果由 metadataPrefix 指定的元数据格式不能从仓储中和指定的条目中得到,则可以返回带有值为"deleted"的 status 属性的头部信息。

OAI-PMH 协议简单灵活,能够解决数据的提取与发布,而且该协议在 HTTP 协议的基础上实现,能够独立于应用程序之外,实现异构平台下元数据之间的互操作。这种与平台的无关性,简化了协议配置和执行的步骤,使得 OAI-PMH 协

议能够被普及和使用。

OAI-PMH 提供的元数据交换已经具备了资源共享中心所需要的许多功能。OAI-PMH 的 DP 在被查询时可以使用各种参数,允许选择性地提供它的内容。如一个 OAI-PMH 的 SP 可以在使用 ListIdentifiers 和 ListRecords 命令时,用 from 或 until 参数限定一个日期,仅检索新的和更新的内容。或者利用 set 限制在具体的集,利用 metadataPrefix 参数限制元数据格式等,从而有能力区分现有的内容和新内容。

然而,OAI-PMH 是专为元数据交换提供的一个方案,传输数字对象(内容)不是其规范的一部分,在这个级别的交换需要额外的机制。

6.3.2　OAI-ORE 的基础——RDF 模型

OAI-ORE 的核心目标是开发标准的、可互操作的、机器可读的机制来表达网上的复合数字对象,向那些准备重建复合数字对象的内容及其内部组件之间关系的网络应用程序提供足够的支持。这使得它可以用一种通用机制来归纳网络信息空间中的所有信息资源及资源之间的关系,以支持数字对象资源的交换、重用、可视化和保存等。

OAI-ORE 完全基于 Web 架构(architecture of the world wide web)提出,并且利用了语义网、关联数据(linked data)及 URIs 领域的最新研究成果。对 OAI-ORE 影响最大的是 RDF 模型①。RDF 模型采用三元组形式来表示对象间关系。

---

① Manola, F. and Miller, E., et al, (2004). *RDF Primer*. *W3C Recommendation*,[EB/OL][2012 - 01 - 26] http://www. w3. org/TR/rdf-primer/.

一个三元组包括"主词——谓词——宾词"语句,每一部分语句都是一个 URI。其中宾词较特殊,它可以是一个纯文本值。图 6-2 给出了一个关注仓储的 RDF 模型(主词——谓词——宾词),此模型应用都柏林核心名字空间①来提供所有的谓词,并且说明了使用 RDF 模型表示带有元数据的宾词的用法。

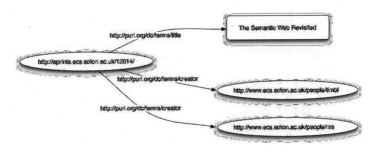

图 6-2　一个数字仓储 RDF 模型

OAI-ORE 重点关注数字对象及这些对象间的关系。如图 6-3 的 RDF 模型中,在 Web 上发布的数字对象包含了两个部分:一部分是发布的数字对象本身(pdf),另一部分是一个 xml 记录,在本例子中代表存储的元数据。

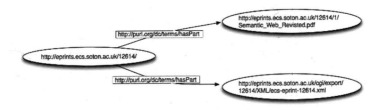

图 6-3　使用都柏林核心发布的数字对象的 RDF 模型

---

① *Dublin Core Metadata Terms*,[EB/OL][2012-01-26] http://dublincore.org/documents/dcmi-terms/index.shtml.

6.3.3　OAI-ORE 完整的数据模型

依托 WEB 构架中的资源、资源的 URI、资源的表象①（representation，指可以通过类似 HTTP 协议访问的资源的数据流，形式往往是文件）、资源间的链接的概念和 RDF 模型的三元组形式，OAI-ORE 用规范、简洁的方式描述网络资源集。ORE 完整的数据模型包括四个组成部分②：聚集（aggregation）、资源图（resource map）、表象和 URI。

6.3.3.1　聚集

即资源聚集，可以包含其他 Web 资源，代表 Web 资源的集合。往往代表一个抽象的网络资源，即所谓复合数字对象。

在 RDF 模型概念之上，OAI-ORE 引入了聚集和被聚合资源的概念。一个聚集简单地讲就是一组被聚合的资源，并且所有的这些资源都被表示为 URI。图 6 - 4 引自 ORE-Primer③，说明了这个概念如何应用于在一个数字仓储中发布（publication）资源。其中，"ore"名空间（"http://www.openarchives.org/ore/terms/"的缩写）由 OAI-ORE 规范所定义。"ore：aggregates"代表 ore 名空间上的 aggregates（聚合）谓词。

① *ORE Specifications and User Guides*，［EB/OL］［2012 - 01 - 26］http：//www.openarchives.org/ore/1.0/toc.

② *Open Archives Initiative Object Reuse and Exchange*，［EB/OL］［2012 - 01 - 26］http：//www.openarchives.org/ore/1.0/primer.html.

③ Johnston，P.，et al (2008)，*Open Archives Initiative object re-use and Exchange*，ORE User Guide，Primer，11 July，2008，［EB/OL］［2012 - 01 - 26］http：//www.openarchives.org/ore/primer.

虽然在图 6-4 中显示的仅仅是单个发布记录，OAI-ORE 引入的抽象概念却强大得多，允许聚集的嵌套。例如，最高层的聚集可以是数字仓储及其中的所有发布的聚合资源，这些聚合资源本身又包含各自的聚合资源。能够被聚合的深度是没有限制的。当然，不推荐太多层次的聚合，因为若聚合层次太多，在输入这些资源时，可能导致递归。

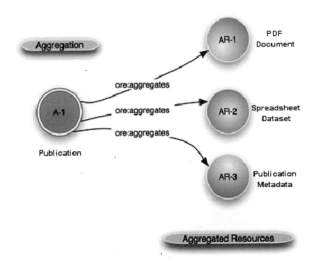

图 6-4 一项数字发布的 OAI-ORE 聚集

6.3.3.2 资源图

资源图用来表示 OAI-ORE 模型的最高层。一个资源图有一个 URI，用来描述单个聚集。注意在 OAI-ORE 模型中，一个资源图仅能链接单个的聚集。图 6-5 表示的是由资源图 ReM 描述的聚集 A 聚合三项资源 R1、R2 和 R3 的情况。箭头指向是用 RDF 模型的"主词——谓词——宾语"表示的对象关系。

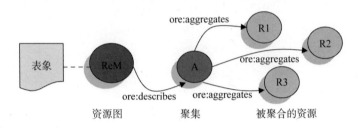

图 6 - 5 ORE 的资源图

图 6 - 6 摘自 ORE Primer,左边的资源图"ReM-1"用来描述聚集"A-1",附带的元数据则用都柏林核心来表示。基于 RDF,资源图能够支持用户希望引入的任何的名空间和元数据格式。

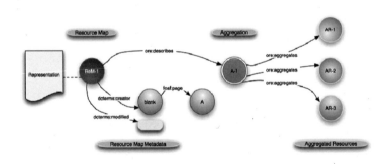

图 6 - 6 完整的 OAI-ORE 模型

6.3.3.3 表象

即用来表示资源图的,网络资源的机器可读、可序列化的资源。必须符合 OAI 格式规定的格式,如 Atom,RDF/XML,RDFa 等,用来描述资源聚集的详细情况。资源图还可包括描述自身信息的元数据。其中,RDF/XML 是最灵活的表示 OAI-ORE 资源图的模型。另外一个常用的方式是

Atom/XML 序列化方式①。Atom/XML 目前被广泛应用于 Web2.0 服务中，Atom 目前已经被许多的浏览器支持，可以人类可读的方式显示出来。

6.3.3.4　URI

无论是聚集、资源图、还是代理资源，都有一个 URI，使其可以通过 HTTP 访问。

6.4　OAI-ORE 在 DSpace 平台中的具体实现

从数字资源长期保存的角度看，OAI-ORE 使数字资源无损地从一个平台转移到另一个平台成为可能。在 DSpace 1.6 以上版本中，DSpace 既利用其 dspace-oai 模块实现了遵循 OAI 标准的 DP 的功能，又在其专题（collection）内容来源管理模块中实现了能够从外部获取元数据级别甚至是内容级别的 SP 的功能，从而实现了多个 DSpace 系统之间共享数据资源的有效解决方案。OAI-ORE 在 DSpace 平台中实现的主要问题是 ORE 数据模型与 DSpace 架构之间的映射、资源图的发布、数字资源的收割和时间调度。

6.4.1　OAI-ORE 和 DSpace 之间的映射

对应于 ORE 术语，一个 DSpace 仓储就是一组资源。任何单个的 DSpace 数据项（DSpace Item）是这些资源的子集

---

① Gregorio, J., de hOra, B. (2007), *The Atom Publishing Protocol*, IETF RFC 5023, [EB/OL] [2012-01-26] http://tools.ietf.org/html/rfc5023.

（PDF 文件，图片等），这些子集可以通过与其相关联的元数据被访问。ORE 标准可以用来描述这些资源之间的位置关系。OAI-ORE 使用一个专门的元数据格式来打包这些数据项中的数字对象引用（在 DSpace 仓储库中，常常就是一些二进制文件）。必要的描述性的元数据可以不同的格式另外获得。这种策略既针对内容、又针对描述性元数据，可以描述可得到的任何资源。

OAI-ORE 和 DSpace 之间有效的映射需要一个将 DSpace 数据项转化为一个 ORE 聚集的方法。而为了表示层次结构，聚集本身也可以包含在其他聚集中。聚集是一个抽象的概念，因此 ORE 协议使用资源映射图来提供一个具体表现来将这些聚集序列化。在 ORE 标准所建议的几种格式中，DSpace 实现使用了原子聚合格式（atom syndication format）①。

在 DSpace 的架构中，一个数据项由一组文件和相应的描述性元数据所组成。数据项被进一步组合成为专题集（类似于 OAI-PMH 的集合），这些专题再进一步组成为系、部或院等组织（communities）。目前的 DSpace 实现中，内容的获取对应到专题这一级别，不提供组织这一级别的内容获取。DSpace 数据模型与 ORE、PMH 间的对应如图 6-7 所示②。

---

① *The Atom Syndication Format*，［EB/OL］［2012-01-26］http://xml. resource.org/public/rfc/html/rfc4287.html.

② Maslov A，Mikeal A，Phillips S，et al: *Adding OAI-ORE Support to Repository Platforms*，In: Proceedings of the 4th International Conference on Open Repositories，Georgia Institute of Technology，2009.

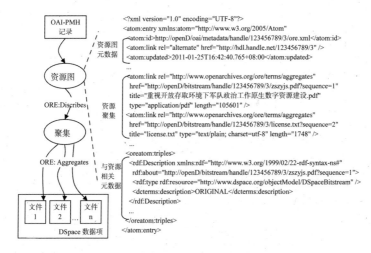

图 6-7　ORE 数据模型与 DSpace 数据模型对应图

6.4.2　资源图的发布

为传播内容，DSpace 必须为数据项生成资源图并以一个持久的 URI 发布。这样就可以让收割器发现和获得 DSpace 数据项和它的内容的结构信息。ORE 标准的建议的发现方法之一是将资源图内嵌入 OAI-PMH 协议的响应中①。DSpace 的早期版本中先实现了基于 OAI-PMH 的元数据收割。基于 OCLC（online computer library center）开发的 OAICat 开源项目，Dspace 系统的 dspace-oai 模块实现了支持 OAI-PMH 协议的 DP 的功能；基于 OCLC 开发的 OAIHarvester 开源项目，Dspace 系统实现了从 DP 收割元数据，即 OAI-PMH 协议的 SP 的功能。OAIHarvester 向 DP

①　*ORE User Guide-Resource Map Discovery*，[EB/OL]［2012-01-26］
http://www.openarchives.org/ore/1.0/discovery.

发送一个 http 请求，DP 将根据相应的请求返回一个 xml 文档。OAIHarvester 将请求动词置于 http 请求中，发送的 http 请求不同，返回的 xml 文档的内容不同。

在 OAI-ORE 实现中，资源图的发布以 OAI-PMH 实现为基础。为实现 ORE 的内容传播，DSpace 1.6 以上版本中添加了能够生成资源地图，并以可用的元数据格式在 PMH 记录中传播它们的功能。DSpace 的数据项被表示为 PMH 项，DSpace 的专题集被表示为 PMH 的集合（set）。这些条目以离散记录形式、单一元数据格式（如受限的都柏林核心，RDF 或 Mets）被传递给收割器。DSpace 的 URL 空间也被扩展成可以独立于 PMH 协议，直接提供资源图（如图 6 - 7 所示资源图）。这使得 ORE 资源可以维持一个持久的 URI，而与生成它们的机制无关。所有生成的资源图，无论是否包含在 PMH 的响应中的，还是直接访问的，都将指向同样的来源。

6.4.3　数字对象的获取

Dspace 中实现数字对象收割的基本原理是①②：

首先，实现一个条目输入组件，用来解析 ORE 资源图并建立相应的 Dspace 数据项，实现把数字资源收割到本地的功能。处理资源图的方法是先解析所有被聚合资源的 URIs；然后通过 URIs 从被聚合资源所在的位置下载资源；最后在 Dspace 中建立一个新的数据项，对应每个被聚合资源添加新

---

①　陈晓凤、张志平、白海燕：《OAI-ORE 在机构知识库中的应用研究与实现》，《现代图书情报技术》，2010 年第 11 期，第 69 - 74 页。

②　*Open Archives Initiative Object Reuse and Exchange*，[EB/OL]［2012 - 01 - 26］http://www.openarchives.org/ore/1.0/primer.html.

的比特流,即文件。

其次,实现一个从远程机构知识库中收割聚合的机制即收割器,其实现方法是先连接远程的 DP 并验证收割设置;然后根据提供的专题集的参数,由收割器发出一个 ListRecords 请求;最后对于得到的每条记录,收割器用数据项输入组件建立一个新的 Dspace 数据项,把它分配给一个新的本地"束"(bundles),发出另外一个单独的 GetRecord 请求,以获取该项目的描述性元数据,在本地存储 ORE 资源图的副本。

DSpace 的专题管理工具,允许管理员创建一个专题,设置此专题内容来源于外部平台,并手动启动这个专题的收割过程。当一个专题集被标记为从远程收割而不是本地,管理员必须提供四种新的信息(见图 6-8):远程的 OAI-PMH 提供者的 URL 网址;目标专题集的集合标识;用来描述元数据使用的格式;以及提取元数据时是否同时提取比特流。

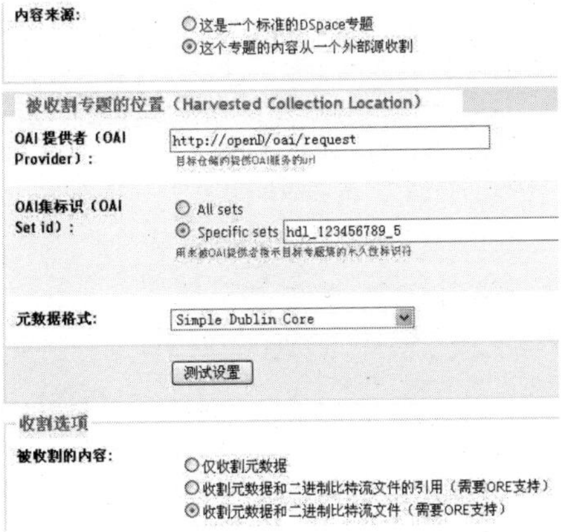

图 6-8 集成的 DSpace 专题管理工具

其中,目标专题集的集合标识可以利用 PMH 的命令动词 ListSets,从返回的 xml 文件中获得(见图 6‑9)。

```
-<OAI-PMH xsi:schemaLocation="http://www.openarchives.org/OAI/2.0/
  <responseDate>2011-01-27T14:01:31Z</responseDate>
  <request verb="ListSets">http://openD/oai/request</request>
  -<ListSets>
    -<set>
      <setSpec>hdl_123456789_5</setSpec>
      <setName>军事理论</setName>
    </set>
    -<set>
      <setSpec>hdl_123456789_2</setSpec>
      <setName>政工理论</setName>
    </set>
    -<set>
      <setSpec>hdl_123456789_1</setSpec>
      <setName>政工系（二系）</setName>
    </set>
    -<set>
      <setSpec>hdl_123456789_4</setSpec>
      <setName>训练部</setName>
    </set>
  </ListSets>
</OAI-PMH>
```

图 6‑9　PMH 命令动词 ListSets 返回文件

6.4.4　收割调度系统

收割调度在 DSpace 系统这一层面上配置,跟踪所有由远程收割创建的专题集,并在设定的时间间隔发起新的收获进程,这种机制是基于线程的、提供多个并发收获过程并自动化收割管理。一旦一个专题集配置并完成验证,它就变成了收割周期的一部分,不需要管理员的进一步干涉。

6.5　结　　语

在构建军队政治工作数字资源的开放平台实践中,课题组将各单位的开放平台之间以 OAI-PMH 和 OAI-ORE 协议组成联盟,从而实现了全军范围内的政治工作信息资源的共建和共享。

"共享中心"某些特定专题的内容直接从远程的各用户平台获取。验证结果如图 6 - 10 所示,政治工作信息化专题的内容全部取自远程用户。之后,可以像对待本地的数字资源一样对其进行管理和发布。

图 6 - 10　军队政治工作原生数字资源开放平台

OAI 没有提供如何进行授权和认证的细节。因此,目前的所有访问都假设采用匿名形式。这可能会带来安全问题。因为,如果 DP 要提供数据给 SP,就必须使数据能够公开存取,对于一些受限的内容,必须采用安全的方法,否则不能获取。可以考虑在 HTTP 访问级别,使用标准的 HTTP 方法实现授权和认证相关的安全检查。另外,目前 DSpace 提供的所有元数据均是可通过 OAI-PMH 公开存取的,即使受限内容也是一样。这也是一个安全隐患。下一步,可以考虑改变授权模块,使之能够区别公开元数据、隐藏元数据、公开内容及隐藏内容等。这样,才能实现更加安全的数据交换。

7 系统功能测试与演示

本章对系统进行功能测试；演示系统的基本功能。

7.1 系统功能测试

"军队政治工作原生数字资源开放平台"原型系统已经实现。系统既可以 Dsapce 传统的基于 JSP 的界面，也可以通过 Manakin，以新的 XML 界面提供服务。基于对 Manakin 的研究和实践，课题组已经对其界面和功能进行了定制，因此主要在基于 XML 的系统界面上对系统进行功能测试。限于篇幅以下仅摘选"用户查看、下载资源"功能测试用例的测试情况：

第一步：进入首页

如图 7-1，为系统首页，用户在中心工作区可以进行资源检索，也可以按照院、部、系浏览其中的专题；在左侧的菜单栏，可进行高级检索，也可以按照院（部、系）相关专题、截止发布日期、作者、题名或主题词浏览资源。在界面顶部以管理员身份登录系统。

图7-1 系统首页

第二步:登录系统

如图7-2,以管理员身份登录系统后,左侧菜单新增"我的账户",下设"我的输出""注销""个人资料"和"提交"四个子菜单。其中,"我的输出"用于显示曾经提交过的资料,"个人资

图7-2 登录后用户界面

料"用于修改个人信息,"提交"用于上传和提交资源。若登录
用户为系统管理员,则显示"管理"菜单,用于对系统的维护和
管理,其中"存取控制"子菜单可以对用户、用户组,或者授权
进行权限管理,"注册"子菜单对元数据及格式进行管理。

第三步:进入部门知识库

如图7-3,选择"训练部"进入该部门的知识库。在主工
作区中,资源检索将限定在本部门的知识库中进行;新闻栏目
显示该部门相关的新闻标题;专题栏目显示该部门的知识库
中的专题;最近提交栏目则列举该部门最近提交的资源。

图7-3　部门界面

第四步:浏览最近提交资源

如图7-4,点击工作区下方最近提交列举的资源后,将在
主工作区显示该资源的详细信息,包括资源的标题、作者、摘
要、简述、句柄标识和上传日期等描述信息。在详细信息下方
列举与该资源相关的文件信息,包括文件名、尺寸、格式、描述
等信息,并提供浏览。同时,在工作区最下方显示与该资源相

关的其他专题的信息。

图 7-4　专题详情界面

第五步:打开/下载文件

如图 7-5,在工作区"该资源项中的文件"下,选择"浏览/打开文件"后,可以通过浏览器打开或下载文件。

图 7-5　下载资源界面

至此,"用户查看、下载资源8"功能用例测试成功。

此外,还通过以下方法对系统进行功能测试:

(1) 页面链接检查:每一个链接是否都有对应的页面,并且页面之间切换正确。

(2) 相关性检查:删除/增加一项会不会对其他项产生影响,如果产生影响,这些影响是否都正确。

(3) 检查按钮的功能是否正确。

(4) 字符串长度检查:输入超出需求所说明的字符串长度的内容,看系统是否检查字符串长度,会不会出错。

(5) 字符类型检查:在应该输入指定类型的内容的地方输入其他类型的内容,看系统是否检查字符类型,会否报错。

(6) 标点符号检查:输入内容包括各种标点符号,特别是空格、各种引号、回车键,看系统处理是否正确。

(7) 中文字符处理:在可以输入中文的系统输入中文,看会否出现乱码或出错。

(8) 检查带出信息的完整性:在查看资源和上传资源时,查看所填写的信息是不是全部带出,带出信息和添加的是否一致。

(9) 信息重复:在一些需要命名,且名字应该唯一的信息输入重复的名字或ID,看系统有没有处理,会否报错,重名包括是否区分大小写,以及在输入内容的前后输入空格,系统是否作出正确处理。

(10) 检查添加和修改是否一致:检查上传和修改资源的要求是否一致。

(11) 重复提交表单:一条已经成功提交的纪录,back后再提交,看看系统是否做了处理。

（12）检查多次使用 back 键的情况：在有 back 的地方，back，回到原来页面，再 back，重复多次，看会否出错。

（13）search 检查：在有 search 功能的地方输入系统存在和不存在的内容，看 search 结果是否正确。如果可以输入多个 search 条件，可以同时添加合理和不合理的条件，看系统处理是否正确。

（14）上传下载文件检查：上传下载文件的功能是否实现，上传文件是否能打开。对上传文件的格式有何规定，系统是否有解释信息，并检查系统是否能够做到。

（15）必填项检查：应该填写的项没有填写时系统是否都做了处理，对必填项是否有提示信息。

（16）快捷键检查：是否支持常用快捷键，如 Ctrl＋C Ctrl＋V Backspace 等，对一些不允许输入信息的字段，对快捷方式是否也做了限制。

经过测试，系统的基本功能已经实现。

7.2　系统功能演示

本节选取以下几项功能予以演示。

7.2.1　创建用户和组织机构

当超级管理员第一次登录开放平台后，首先应该谋划如何从人员和组织结构两个方面构建开放平台的体系结构。

在开放平台中，将平台的用户称为电子用户（E-Person）。一个新的 E-Person，需要提供其 E-mail 地址、姓名、电话，以

及其是否可以注册、是否需要认证等信息。E-mail 地址用来
作为用户名登录、注册及认证信息用来保证用户账户的安
全性。

图 7 - 6　创建新用户

在电子用户创建完毕后,还可以创建组。组包含多个用
户,用来简化对用户的管理,特别是可以同时增加、删除、修改
组的权限。在创建组的同时,可以把已有的电子用户加入到
组中。

图 7 - 7　创建用户组

创建用户还可以采用通过 LDAP 批量录入的方式,这里
不再演示。

超级管理员在创建用户之后的下一个任务,往往是创建

机构的组织结构。开放平台内并没有默认的机构组织结构，但却有一个"默认"的树状组织方式：一级院（部、系）、二级院（系）等等，在其下再设置专题。这种默认的管理方式与机构组织高度一致，但这种方式并不是强制的。管理员完全可以采取"平面"的形式设置组织结构，甚至直接设定、管理专题。

一般情况下，超级管理员仅仅需要根据所在机构实际情况，一一对应建立组织结构即可。此时，开放平台当前主界面左侧当前"环境"下，就"动态"地具有了"创建院（系、部）"功能（"环境"之所以是动态的，是因为其显示机制与用户当前可操作的功能密切相关，即，仅显示用户当前有权操作的那部分功能）。

图 7-8　创建机构组织结构

在之后的页面中，开放平台提供了"为新的一级院（系、部）输入元数据""分派角色"等标签，用来输入此一级机构的相关信息。特别是在"分派角色"标签中，可以为这一级组织分配管理员。院、部、系（communities）这一级管理员角色，可以创建和管理下级（二级）院、部、系（sub-communities）或者其下的专题集。管理员不仅决定谁可以向此级组织提交资源项，还可以编辑资源项的元数据（提交之后），或者将已经存在的资源项从其他专题集（经授权的）中映射过来。

图7‑9　创建机构组织结构

当创建一级组织机构后,超级管理员或有相应权利的此组织机构管理员,可以以相同方法在其下创建二级组织机构,分配相应角色,并在组织机构下创建专题集。

7.2.2　创建专题

在开放平台中创建专题是一项极其重要的工作。创建和管理专题的过程也比创建和管理组织机构的过程要复杂得多。同时,对专题的管理不仅涉及专题管理员,还涉及工作流机制。在向专题提交内容的工作流中,允许相关的专题管理者对专题内的提交内容进行审核把关。在制定政治工作信息化专题数据库和敏感数据库时,这是一个必要的安全保障机制。而对于普通的科研数据,在尊重原作者知识产权的基础上,可以将权限完全放开,这恰恰是开放存取理念所积极倡导的精神。

专题管理员决定谁能够提交资源项至该专题、撤销资源项、编辑资源项元数据(在提交后)、从另外的专题(视该专题的授权而定)增加(或映射)已存在的资源项到该专题等功能。

图 7 - 10 创建专题

工作流中主要有三个步骤：

步骤一：接受或拒绝步骤。负责这一步的特殊用户可以接受或者是拒绝其他用户正在进行的提交。不过，他们不能编辑所提交内容的元数据。

步骤二：接受或拒绝或编辑元数据步骤。负责这一步的特殊用户可以编辑提交内容的元数据，也可以接受或者拒绝提交。

步骤三：编辑元数据。负责这一步的特殊用户可以编辑提交内容的元数据，但是不能拒绝提交。

默认情况下，工作流中的三个步骤均没有。用户提交不受限制。

创建专题的另一项重要功能是对内容来源的管理。专题内容既可以来自于本机构组织的用户，也可以从远程开放平台中"收割"。在第 7 章中，已经专门介绍了在机构知识库平台之间进行数据交换的关键技术。点击"内容来源"标签，选中"这个专题的内容从一个外部源收割"命令按钮后,结果如图 6 - 8 所示。这里不再赘述。

7.2.3　在专题中进行资源项的提交

在专题中提交"资源项",要经过一系列的向导页面。首先,要选中一个专题。

图 7 - 11　提交资源项

其次,回答资源项的一些初始问题,如:是否有多个标题,是否已经出版。

图 7 - 12　提交资源项初始问题

再次,添加资源项的描述信息。如:作者、标题、序列号、标识号、类型、语言等等。其中,只有作者和标题两项是必须填写的(此为默认情况。哪些项是必选项可以通过配置文件设置)。

图 7 - 13　提交资源项描述信息 1

　　以及主题词、赞助、摘要等信息。在添加主题词的过程中,可以一个个录入多个,并且可以批量选中后删除。

图 7 - 14　提交资源项描述信息 2

　　然后,进入资源项上传页面。通过浏览按钮上传文件,同时可以选择是否填入必要的描述信息。

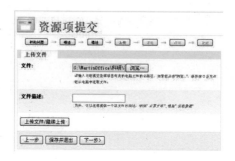

图 7–15　上传文件

最后,进入总结页面,可以对前面输入的各项信息进行修改,添加许可信息。

图 7–16　总结和修改

7.2.4　搜索和浏览

开放平台提供了基于平台、各级组织机构或者某个专题级别的搜索功能。

图 7－17　搜索功能

针对搜索结果,通过相应资源项,可以显示此项资源的基本情况,并可浏览下载。

图 7－18　浏览下载

此外,平台还提供了对资源的导入导出、对用户的存取权限进入控制、对元数据进行编辑修改、对平台使用情况进行统计分析等功能。

7.2.5　系统功能的进一步完善

"军队政治工作原生数字资源开放平台"原型系统目前已基本实现了设计需求。在初步的试用中,也发现了一些问题:

在政策层面,如何鼓励相关科研院所的科研人员积极提交自己的科研成果,或者提交自己掌握的政治工作相关文献?只有这样,才能使系统成为政治工作信息资源科研成果广泛、快速的交流与传播的真正平台。除了开放共享的理念还需进一步宣传之外,相应的激励机制也必不可少。

在技术方面,对于专题数据库,通过工作流机制控制提交流程,能够充分保证提交成果的质量,但专题数据库建设还涉及对阅读权限的限制问题。尽管开放平台建设的理念是开放共享,但也不应忽视在军队政治工作领域特色及敏感数据库对安全的特殊需求。

在后续的开发中,将根据试用情况,不断进行开放平台功能的进一步修改和完善。

参 考 文 献

图书：

［1］沈国权，罗剑明.军队政治工作信息化建设研究［M］.北京：解放军出版社，2007.

［2］肖希明等.数字信息资源建设与服务研究［M］.武汉：武汉大学出版社，2008.

期刊：

［1］穆庆生.加强军队政治工作信息资源共享建设［J］.军队政工理论研究，2009(6).

［2］黄凯文，刘芳.网络科学信息资源"公开存取运动"的模式与方法［J］.大学图书馆学报，2005(2)：38－41.

［3］吴建中.图书馆 Vs 机构库——图书馆战略发展的再思考［J］.中国图书馆学报，2004(5)，5－8.

［4］魏宇清.机构库的发展与图书馆的对策［J］.国家图书馆学刊，2006(4)，64－66.

［5］常唯.数字学术环境中的机构知识库探析［J］.图书情报工作，2006(7)，46－50.

［6］李广建，黄永文，张丽.IR：现状、体系结构与发展趋势［J］.情报学报，2006(2)，236－241.

［7］ 赵继海.机构知识库:数字图书馆发展的新领域[J].中国图书馆学报,2006(2),33-36.

［8］ 龚立群,孙洁丽. OAI、SRW/U 及 OpenURL 的比较及协同使用研究[J].情报科学,2007 年 7 月:1073-1079.

［9］ 曹艳.军队院校图书馆参与开放获取现状[J].图书情报工作 2010 年增刊(1).

［10］ 邹荣,曾婷,姜爱蓉,郭晶.基于 DSpace 构建联合网站的研究与实践[J].现代图书情报技术,2009(5):67-71.

［11］ 王丽,孙坦,张冬荣.中国科学院联合机构知识库的建设与推广[J].图书馆建设,2010(4):10-13.

［12］ 张耀坤.机构库内容建设初探[J].图书馆学研究,2006(9).

［13］ 杨武健,王学勤. DSpace 机构知识库系统的分析与研究[J].现代情报,2006(11).

［14］ 李亮.知识地图—知识管理的有效工具[J].情报理论与实践,2005(3).

［15］ 黄凯文.高校图书馆构建机构仓储初探[J].图书工作与研究,2006(2).

［16］ 杨武健,王学勤. DSpace 机构知识库系统的分析与研究[J].现代情报,2006(11).

［17］ 张晓林.开放数字图书馆的设计和实现:CSDL 的实践[J].情报学报,2003(10).

［18］ 谢静,王军. DSpace 数字仓储简介及其应用分析[J].数字图书馆论坛,2007(9).

［19］ 杨国栋,李晨英,韩明杰等. Dspace 新一代 WEB 界面 Manakin 的研究与实现[J].图书情报工作,2010(1):113-116.

［20］ 徐健.基于 OAI-ORE 的异构数字仓储互操作框架[J].现代图书情报技术,2008(9):10-15.

［21］ 马建霞.数字仓储中复合数字对象相关标准比较研究[J].现代图书

情报技术，2009(4)：33-39.

[22] 鞠彦辉,刘宏伟,邓君等.基于 OAI-ORE 的知识库资源互操作研究[J].图书馆学研究,2009(4)：24-27.

[23] 陈晓凤,张志平,白海燕.OAI-ORE 在机构知识库中的应用研究与实现[J].现代图书情报技术,2010(11)：69-74.

[24] 董丽,吴开华,姜爱蓉,张蓓.METS 元数据编码规范及其应用研究[J].现代图书情报技术,2004(5)：8-12.

[25] 刘勋,祝忠明.DSpace 系统元数据获取功能的实现[J].现代图书情报技术,2007(4)：17-20.

[26] 吴登禄,祝忠明,马建霞,韩柯.DSpace 系统嵌入式检索服务设计与实现[J].现代图书情报技术,2008(10)：69-74.

[27] 祝忠明,马建霞,常宁,李富强,刘勋.SEEKSpace——基于 DSpace 的环境与生态科学知识积累平台[J].图书情报工作,2007(4)：71-74.

[28] 颖洁.机构知识库建库软件 DSpace、EPrints、Fedora 的比较分析[J].图书馆学刊,2008(4)：133-137.

[29] 崔蕾,马自卫.基于 OAI 的收割和服务系统的研究与设计[J].现代图书情报技术,2007(11)：13-15.

[30] 赵阳.基于 OAI 的元数据收割系统结构框架分析[J].现代图书情报技术,2004(6)：11-13.

[31] 王颖洁.我国机构知识库模式构建与流程设计[J].图书情报工作,2008(4)：42-45.

[32] 贾丽.基于 OAI2PMH 架构高校学位论文元数据的远程收割[J].现代情报,2008(6)：19-21.

[33] 张智雄,郭家义,吴振新.基于 OAIS 的主要数字保存系统研究[J].现代图书情报技术,2005(11)：1-13.

[34] 朱翊.国外机构知识库研究的现状、热点及其建设概况[J].情报探索,2009(12)：25-27.

［35］ Van deSompel H., Nelson M. L., Lagoze C., Warner S. Resource Harvesting within the OAI-PMH Framework[J], D-Lib Magazine, December 2004, 10(12).

论文：

［1］ 朱丽雪.基于 Dspace 的机构知识库构建[D].天津：天津师范大学，2010.

［2］ 唐兆琦.基于 DSpace 的机构仓储应用研究[D].上海：上海交通大学，2008.

［3］ 石仙鹤.基于 DSpace 的机构仓储资源整合研究及应用[D].上海：上海交通大学，2008.

［4］ 狄冬梅.基于 DSpace 的机构知识库系统的研究与实现[D].呼和浩特：内蒙古大学，2008.

会议：

［1］ Maslov A, Mikeal A, Phillips S, et al. Adding OAI-ORE Support to Repository Platforms [C]. In: Proceedings of the 4th International Conference on Open Repositories, Georgia Institute of Technology, 2009.

［2］ Maslov A, Mikeal A, Phillips S, et al. Adding OAI-ORE Support to Repository Platforms [C]. In: Proceedings of the 4th International Conference on Open Repositories, Georgia Institute of Technology, 2009.

［3］ Tansley R., Bass M., Stuve D., Branschofsky M., Chudnov D., McClellan G., and Smith M. "The DSpace institutional digital repository system: current functionality"[C]. In Proceedings of the 3rd ACM/IEEE-CS Joint Conference on Digital Libraries, Houston, Texas, May 27 - 31, 2003: 87 - 97.

[4] Van deSompel, Herbert and Carl Lagoze. Notes from the Interoperability Front: A Progress Report on the Open Archives Initiative, Lecture Notes In Computer Science[C]. Proceedings of the 6th European Conference on Research and Advanced Technology for Digital Libraries, 2002: 144 - 157.

[5] Tansley R., Bass M., Stuve D., Branschofsky M., Chudnov D., McClellan G., and Smith M. The DSpace institutional digital repository system: current functionality[C]. In Proceedings of the 3rd ACM/IEEE-CS Joint Conference on Digital Libraries, Houston, Texas, May 27 - 31, 2003: 87 - 97.

[6] Van deSompel, Herbert and Carl Lagoze. Notes from the Interoperability Front: A Progress Report on the Open Archives Initiative, Lecture Notes In Computer Science[C]. Proceedings of the 6th European Conference on Research and Advanced Technology for Digital Libraries, 2002: 144 - 157.

[7] Phillips S., Green C., Maslov A., Mikeal A., Leggett J. Introducing Manakin: Overview and Architecture[C]. In Proceedings of the 2nd International Conference on Open Repositories. January 23 - 26, 2007.

报告:

[1] Leggett J., McFarland M., Racine D. The Texas Digital Library: A Business Case[R]. Prepared for and published by the Texas Digital Library, San Antonio, TX, USA, July 2005, revised July 2006.

电子文献:

[1] Budapest open access initiative [EB/OL]. [2014 - 01 - 05]. http:// www.soros.org/openaccess/read.shtml.

［ 2 ］ Library of Congress announces awards of ＄13.9 million to begin building a network of partners for digital preservation ［EB/OL］. ［2014 - 01 - 05］. http://www. loc. gov/today/pr/2004/04 - 171. html.

［ 3 ］ It's about time: research challenges in digital archiving and long-term preservation ［EB/OL］. ［2014 - 01 - 08］. http://digitalpresservation. gov/about/NSF.pdf.

［ 4 ］ Budapest Open Access Initiative. View Signatures ［EB/OL］. ［2014 - 8 - 19］. http://www.soros.org/openaccess.

［ 5 ］ What does BOAI mean by "Open access" ［EB/OL］. ［2014 - 7 - 19］. http://www. earlham. edu/∼ peters/fos/boai. htm ♯ Open acess.

［ 6 ］ Berlin Declaration on open access to knowledge in the sciences and humanities ［EB/OL］. ［2014 - 7 - 19］. http: //oa.mpg.de/openaccess-berlin/berlindeclaration.html.

［ 7 ］ DOAJ byCountry ［EB/OL］. ［2012 - 8 - 15］. http://www. doaj. org/doaj? func＝byCountry&uiLanguage＝en.

［ 8 ］ China unveils plans to boost scientific data sharing ［EB/OL］. ［2012 - 7 - 19］. http://www. scidev. net/en/news/china-unveils-plans-to-boost-scientific-data-shari.html.

［ 9 ］ DOAJ by Country ［EB/OL］. ［2012 - 8 - 15］. http://www. doaj. org/doaj? func＝byCountry&uiLanguage＝en.

［10］ The case for institutional repositories: a SPARC position paper ［EB/OL］. ［2012 - 7 - 20］. http://www.arl.org/sparc/bm∼doc/ir_final_release_102.pdf.

［11］ Institutional repositories: essential infrastructure for scholarship in the digital age ［EB/OL］. ［2012 - 7 - 20］. http://www. arl. org/resources/pubs/br/br226/br226ir∼print.shtml.

[12] Institutional repositories: innovation in scholarly publishing [EB/OL]. [2012 - 7 - 20]. http://www. carl-abrc. ca/projects/institutional_reoisutiries/about-e.html.

[13] Lynch C. A, Institutional repositories : essential infrastructure for scholarship in the digital age [EB/OL]. [2012 - 7 - 20]. http://dspace. uniroma2. it/dspace/bitstream/2108/261/1/ir.html.

[14] Reference Model for an Open Archival Information System (OAIS) [EB/OL]. [2012 - 7 - 21]. http://public. ccsds. org/publications/archive/650x0b1.pdf.

[15] Metadata Object Description Schema: Official Web Site [EB/OL]. [2012 - 8 - 21]. http://www.loc.gov/standards/mods/.

[16] Metadata Encoding and Transmission Standard (METS) Official Web Site [EB/OL]. [2012 - 7 - 19]. http://www. loc. gov/standards/mets.

[17] METS Schema & Documentation [EB/OL]. [2012 - 7 - 19]. http://www.loc.gov/standards/mets/mets-schemadocs.html.

[18] OPENARCHIVES. The open archives initiative protocol for metadata harvesting [EB/OL]. [2012 - 7 - 21]. http://www. openarchives. org/OAI/openarchivesprotocol.html.

[19] Open Archives Initiative Object Reuse and Exchange [EB/OL]. [2012 - 8 - 20]. http://www.openarchives.org/ore/.

[20] Search or Browse for Repositories [EB/OL]. [2014 - 12 - 12]. http://www.opendoar.org/find.php.

[21] Registry of Open Access Repositories [EB/OL]. [2014 - 12 - 12]. http://roar.eprints.org/.

[22] Search or Browse for Repositories [EB/OL]. [2014 - 12 - 12]. http://www.opendoar.org/find.php.

[23] Registry of Open Access Repositories [EB/OL]. [2014 - 12 - 16].

http://roar.eprints.org/view/geoname/.

[24] 国立清华大学机构典藏[DB/OL]. [2012-8-15]. http://ir.lib. nthu.edu.tw/.

[25] 香港科技大学机构仓储[DB/OL]. [2012-8-15]. http:// repository.ust.hk/dspace/.

[26] 台湾大学机构仓储[DB/OL]. [2012-8-15]. http://ntur.lib.ntu. edu.tw/.

[27] 麻省理工大学机构仓储[DB/OL]. [2012-8-15]. http://dspace. mit.edu/.

[28] 剑桥大学机构仓储[DB/OL]. [2012-8-15]. http://www. dspace.cam.ac.uk/.

[29] 中国科学院力学研究所机构知识库[DB/OL]. http://dspace. imech.ac.cn/.

[30] 厦门大学学术典藏库[DB/OL]. [2012-8-22]. http://dspace. xmu.edu.cn/dspace/.

[31] 中国科学院国家科学图书馆机构知识库[DB/OL]. [2012-8-22]. http://ir.las.ac.cn/.

[32] 中国西部环境与生态科学数据中心[DB/OL]. [2012-8-22]. http://seekspace.resip.ac.cn/.

[33] latest release-www.dspace.org [EB/OL]. [2014-12-12]. http:// www.dspace.org.

[34] EPrints-Digital Repository Software [EB/OL]. [2014-12-16]. http://www.eprints.org/.

[35] Home-FedoraRepository[EB/OL]. [2014-12-16]. http//fedora-commons.org.

[36] http://www.dublincore.org/documents/library-application-profile/

[37] Welcome to the HandleSystem [EB/OL]. [2014-12-16]. http://www.handle.net/.

[38] http://www.tdl.org/wp-content/uploads/2009/04/LearningToUse
Manakin.pdf

[39] Scott Phillips, Cody Green, Alexey Maslov, Adam Mikeal, and
John Leggett. "Introducing Manakin: Overview and Architecture."
Open Repositories 2007, San Antonio, Texas, January 23 – 26,
2007 [EB/OL]. [2012 – 8 – 15]. http://handle.tamu.edu/1969.
1/5690.

[40] TheInstituto Antonio Carlos Jobim Repository [EB/OL]. [2012 –
8 –15]. http://www.jobim.org/.

[41] PolicyArchive.net public policy repository [EB/OL]. [2012 – 8 –
15]. http://www.policyarchive.net/.

[42] National Library of Finland's Doria Repository for electronic theses
and dissertations [EB/OL]. [2012 – 8 – 15]. https://oa.doria.fi/
handle/10024/25

[43] What is Apache Cocoon? [EB/OL]. [2012 – 01 – 29]. http://
cocoon.apache.org/1363_1_1.html.

[44] Understanding Apache Cocoon [EB/OL]. [2012 – 01 – 29].
http://cocoon.apache.org/2.1/userdocs/concepts/index.html.

[45] DRI Schema Reference [EB/OL]. [2012 – 01 – 30]. https://wiki.
duraspace.org/display/DSDOC/DRI+Schema+Reference.

[46] David Tarrant, BenO'Steen, Tim Brody, Steve Hitchcock, Neil
Jefferies and Leslie Carr. Using OAI-ORE to Transform Digital
Repositories into Interoperable Storage and Services Applications
[J/OL]. The Code4LIb Journal. 2009, 6 (3). http://journal.
code4lib.org/articles/1062.

[47] Manola, F. and Miller, E., et al, (2004). RDF Primer. W3C
Recommendation [EB/OL]. [2012 – 01 – 26] http://www.w3.org/
TR/rdf-primer/.

［48］Dublin Core Metadata Terms ［EB/OL］. ［2012 - 01 - 26］. http：//
　　　dublincore.org/documents/dcmi-terms/index.shtml.

［49］ORE Specifications and UserGuides ［EB/OL］. ［2012 - 01 - 26］.
　　　http：//www.openarchives.org/ore/1.0/toc.

［50］Open Archives Initiative Object Reuse and Exchange ［EB/OL］.
　　　［2012 - 01 - 26］. http：//www.openarchives.org/ore/1.0/primer.
　　　html.

［51］Johnston，P.，et al（2008）. Open Archives Initiative object re-use
　　　and Exchange. ORE UserGuide. Primer. 11 July 2008. ［EB/OL］.
　　　［2012 - 01 - 26］. http：//www.openarchives.org/ore/primer.

［52］Gregorio J.，dehOra B.（2007）. The Atom Publishing Protocol.
　　　IETF RFC 5023 ［EB/OL］. ［2012 - 01 - 26］. http：//tools.ietf.org/
　　　html/rfc5023.

［53］TheAtom Syndication Format ［EB/OL］. ［2012 - 01 - 26］. http：//
　　　xml.resource.org/public/rfc/html/rfc4287.html.

［54］ORE User Guide-Resource Map Discovery ［EB/OL］. ［2012 - 01 -
　　　26］. http：//www.openarchives.org/ore/1.0/discovery

［55］Open Archives Initiative Object Reuse and Exchange ［EB/OL］.
　　　［2012 - 01 - 26］. http：//www.openarchives.org/ore/1.0/primer.
　　　html.